本书系山东省社科理论重点研究基地（济南大学）"新时代社会治理与政策创新"研究基地的成果，山东省社会科学规划研究一般项目"山东乡村振兴战略中社会组织参与农村公共文化服务的效能研究"（项目编号：19CSHJ01）的成果。

社会组织参与乡村文化振兴：
实践、效能与提升路径

刘艳丽　著

U0724614

陕西师范大学出版总社　西安

图书代号 SK24N2512

图书在版编目（CIP）数据

社会组织参与乡村文化振兴：实践、效能与提升
路径 / 刘艳丽著. -- 西安：陕西师范大学出版总社有限
公司，2024. 12. -- ISBN 978-7-5695-5108-2

Ⅰ. G127

中国国家版本馆 CIP 数据核字第 20241FW073 号

社会组织参与乡村文化振兴：实践、效能与提升路径

SHEHUI ZUZHI CANYU XIANGCUN WENHUA ZHENXING：SHIJIAN、XIAONENG YU TISHENG LUJING

刘艳丽　著

特约编辑	李密密
责任编辑	王元凯
责任校对	郅　然
封面设计	知更壹点
出版发行	陕西师范大学出版总社
	（西安市长安南路 199 号　邮编　710062）
网　址	http://www.snupg.com
印　刷	三河市南阳印刷有限公司
开　本	710 mm×1000 mm　1/16
印　张	8.75
字　数	175 千
版　次	2025 年 6 月第 1 版
印　次	2025 年 6 月第 1 次印刷
书　号	ISBN 978-7-5695-5108-2
定　价	60.00 元

读者使用时若发现印装质量问题，请与本社联系、调换。

电话：（029）85308697

作者简介

刘艳丽，任职于济南大学，山东省社科理论重点研究基地（济南大学）"新时代社会治理与政策创新"研究基地研究员，长期从事社会组织、社会治理、农村社会保障等领域的研究与教学工作。主持教育部、民政部、山东省以及济南市社科规划项目多项，在《山东社会科学》《广西社会科学》等期刊发表学术论文20余篇。获省部级以上科研奖项4项。

前　言

进入 21 世纪以来，我国逐步推进解决"三农"问题的战略，经历了建设社会主义新农村、美丽乡村建设、乡村振兴战略几个阶段。从这几个阶段来看，国家战略越来越以人为本，显示出乡村建设中对于"人"的重视，也折射出农业农村总体性发展全新的建设路径。实施乡村振兴战略是新时代解决我国"三农"问题、实现农村乃至全社会现代化的新尝试。

随着社会主义现代化建设的深入推进，乡村振兴战略已经成为国家发展的重要战略之一。乡村文化振兴作为乡村振兴的重要组成部分，不仅承载着传承和弘扬中华优秀传统文化的重要使命，还为乡村经济发展、社会进步和生态文明建设提供了强大的精神动力和文化支撑。在乡村文化振兴过程中，具有公益性的社会组织可以发挥更大的作用。那么，在作为新农村建设和城乡公共服务一体化、均等化延续的乡村振兴中，社会组织能够以何种方式承担哪些更深层面的公共文化服务？这些服务是否能满足农民文化活动参与需求，达到相应的乡村文化振兴目标？如何提升其公共文化服务水平？这些都是亟须探讨的问题。本书将对此进行多个维度的探讨。

党的十九大报告提出实施乡村振兴战略，党的二十大报告提出要"实施国家文化数字化战略，健全现代公共文化服务体系，创新实施文化惠民工程"。各地、各级政府根据当地的实际情况开展了积极的探索实践，而社会组织是其中的一支重要力量，在乡村文化振兴中作出日益卓越的贡献。本书从公共服务的供给主体多元化视角，基于对山东省部分地区社会组织参与乡村文化振兴中农村公共文化服务状况的实际调研，在了解社会组织参与农村公共文化服务体系建设、公共文化服务效能发挥情况以及农民文化需求类型及需求表达机制等方面的基础上，以公共文化服务效能为切入点，通过设计公共文化服务效能评估指标体系，进行效能评价，即评价实际的服务是否满足了乡村文化振兴及农民的文化需求。同时，结合国内外经验，探讨社会组织在参与农村公共文化服务过程中提升服务效能、优化资源配置的多种运行模式。

本书共六章。第一章为绪论，主要内容包括问题的提出背景与研究意义，国内外相关研究，研究方法、调研内容、调研进程、研究思路与研究框架，系统梳理了学术界对于乡村文化振兴背景与政策的拓展性理解以及理论与应用研究成果，明确了研究定位与研究视角，确定了研究的基本理念与分析框架。第二章为乡村文化振兴与社会组织，主要内容包括乡村文化振兴的背景与政策、乡村文化振兴中的社会组织：内涵、理论与价值。第三章为社会组织参与乡村文化振兴的实践现状，主要内容包括社会组织参与乡村文化振兴的基本现状、所调研村庄个案现状。第四章为社会组织参与乡村文化振兴效能，主要内容包括社会组织参与乡村文化振兴效能指标及解释、社会组织参与乡村文化振兴效能分析。基于此，本书对社会组织参与乡村文化振兴效能状况实施了抽样调查，收集了大量一手数据。在对数据进行统计分析的基础上，系统描述了社会组织参与乡村文化振兴的现状，并分析了社会组织参与乡村文化振兴的效能。第五章为社会组织参与乡村文化振兴的困境及其成因。困境表现在文化活动形式较为单一、群众参与主动性低、载体建设亟须创新、社会资源要素下乡通道不够畅通、社会组织自身建设水平有待提升、政府支持度尚待加强等方面。问题的成因则从政府、社会、基层等多方面进行了分析。第六章为社会组织参与乡村文化振兴效能提升路径。具体路径主要包括培育孵化社会组织，激发乡村文化振兴内在活力；深化融合，打造乡村文化振兴开放式平台；精耕细作，走乡村文化振兴差异化发展道路；注重可持续，"一张蓝图绘到底"；创新驱动，与乡村全面振兴融合发展。基于前面的现状与问题，有针对性地提出了社会组织参与乡村文化振兴效能提升的建议，勾勒出社会组织参与乡村文化振兴效能提升的持续发展图景。

在此，对本书课题组成员刘建花、任晓敏、胡旭昌、孙誉宁及参与本书课题调研的笔者的学生崔文超、朱玉瑞、陈庆澳等，对为调研写作及素材收集提供帮助的郭世锋、林慧玲、刘海波，以及当时协助课题组调研的相关乡镇、社区、社会组织负责人等，一并表示感谢。

为了确保研究内容的丰富性和多样性，笔者在写作过程中参考了大量的文献，在此向涉及的专家学者表示衷心的感谢。

限于笔者水平，加之时间仓促，本书难免存在一些不足之处。在此，恳请同行专家和读者朋友批评指正！

目　　录

第一章 绪论

第一节 问题的提出背景与研究意义

一、问题的提出背景

文化铸魂，润物无声。习近平总书记强调，"有文化自信的民族，才能立得住、站得稳、行得远"①。如果把治理、产业、生态比作"乡村振兴之形"的话，那文化就是"乡村振兴之魂"。全面推进乡村振兴，既要塑形，还要铸魂。一言以蔽之，乡村文化振兴是中国乡村的铸魂工程。

乡村文化振兴不仅是乡村振兴战略的重要组成部分，更是其深入实施与取得成效的关键支撑。在推动乡村振兴的宏伟蓝图中，我们不仅要注重乡村物质层面的建设与发展，即"塑形"，更要重视乡村精神文化的培育与提升，即"铸魂"。这一双重维度的并进，旨在全面丰富乡村居民的精神世界，增强他们的精神力量，从而培育出更加文明、和谐的家风、乡风与民风，进而提升整个乡村社会的文明程度，让乡村文明焕发新的生机与活力。

"塑形"方面，我们关注的是乡村基础设施的完善、生态环境的改善以及农业产业的现代化升级。这包括修建更加便捷的交通网络，提升乡村医疗、教育等公共服务水平，以及通过科技赋能农业，提高农业生产效率，增加农民收入。这些物质层面的进步，为乡村居民提供了更加舒适、便利的生活环境，也为乡村文化的繁荣发展奠定了坚实的基础。然而，仅有物质条件的改善是不够的，乡村文化的振兴还需要在精神层面进行深入挖掘与重塑。

"铸魂"方面，乡村文化振兴的核心在于传承与弘扬中华优秀传统文化，同

---

① 习近平. 在文化传承发展座谈会上的讲话 [J]. 新长征，2023（10）：4-9.

1

时积极融入现代文明元素，形成具有时代特色的乡村新文化。这要求我们在保护乡村文化遗产、传承民俗技艺、弘扬乡土精神的同时，也要引导乡村居民树立社会主义核心价值观，倡导科学、健康、文明的生活方式。通过举办各类文化活动，如乡村文化节、农民画展、民俗表演等，激发乡村居民的文化创造力，增强他们的文化认同感与自豪感。同时，加强乡村文化设施建设，如图书馆、文化中心、文化广场等，为乡村居民提供丰富的文化学习与交流平台，提升他们的文化素养与审美能力。

乡村振兴，不仅是政府工程，更是全社会的共同事业。没有社会的积极参与和大力支持，乡村振兴战略就失去了长远发展的动力。我国解决"三农"问题的国家战略经过了建设社会主义新农村、美丽乡村建设、乡村振兴战略的持续推进，越来越显示出乡村建设中对于"人"的重视，以及农业农村总体发展的建设路径。文化振兴是当前国家乡村振兴战略的核心内容之一。乡村文化振兴，不仅是文化本身的振兴，也代表着亿万农民在文化精神上的提升。而推进公共文化建设，离不开政府和社会组织等多种力量的公共服务供给。

《中华人民共和国公共文化服务保障法》确立了"政府主导、社会力量参与"的公共文化服务建设方针。此后，国家从公共文化建设中政府购买、社会捐赠、志愿服务、绩效评价等方面对社会力量参与公共文化服务体系建设提出了明确要求。[①]2021 年 4 月 29 日，第十三届全国人民代表大会常务委员会第二十八次会议通过《中华人民共和国乡村振兴促进法》。2022 年，民政部、国家乡村振兴局发布了《关于动员引导社会组织参与乡村振兴工作的通知》（民发〔2022〕11 号），对深入开展社会组织助力乡村振兴专项行动、大力培育发展服务乡村振兴的社会组织等提出了具体要求及主要措施，为社会组织参与乡村文化建设指明了方向，提出了现实要求，提供了政策依据。

近年来，山东省以习近平总书记关于打造乡村振兴齐鲁样板的重要指示精神为遵循，发布了一系列引导社会组织参与乡村振兴的工作通知，明确了乡村文化振兴中农村公共文化服务的目标和内容。同时，作为社会组织登记总量位居全国前列的省份，山东省近几年出台了一系列鼓励社会组织发展及提供城乡公共服务的政策，社会组织事实上已成为农村公共文化服务的多元化供给主体之一。通过近年来的实践，山东省涌现出泰安市岱岳区九女峰、日照市五莲县白鹭湾、临沂

---

① 胡铭焓. 社会力量参与乡村文化振兴的实践困境与突破路径［J］. 江苏农业科学，2020，48（15）：28-32.

市沂水县院东头、潍坊市临朐县九山等各具特色、各美其美、业态多样的乡村振兴示范片区。通过乡村文化振兴，山东省的乡村社会文明程度显著提升，农民精神风貌得到改善，乡村文化产业发展迅速。

二、研究社会组织参与乡村文化振兴的意义

实际上，作为整个乡村振兴战略的重要组成部分，乡村文化振兴旨在通过保护和传承乡村文化，提升农民的文化素养和认同感，进而推动乡村社会的全面进步。

《中共中央关于全面深化改革若干重大问题的决定》中强调要"鼓励社会力量、社会资本参与公共文化服务体系建设，培育文化非营利组织"，这为研究社会组织参与公共文化服务提供了有利的契机和明确的方向。因此，以乡村振兴战略规划为依据，深入研究我国农村公共文化服务效能的理论问题，服务于国家公共文化服务体系建设的战略目标，成为我国学界的理论自觉。本书以新公共服务理论、非营利组织治理理论、利益相关者理论等为依据，通过研究社会组织参与农村公共文化服务的管理体制和运行机制，以农村公共文化服务分类需求—反馈机制为前提，进行整体性效率和效益方面的指标细化，将进一步补充和丰富社会公共服务供求理论，具有一定的理论意义。

日前，各地已经启动乡村文化振兴工作方案，并取得了一定的成效。乡村文化振兴战略要落实到具体实施层面，需考量是否满足了乡风文明、农民文化生活富有活力的需要。因此，在乡村振兴的新形势下，研究社会组织在农村公共服务领域的服务供给模式，符合社会发展的现实状况。而依据现实开展社会组织参与农村公共服务供给效能评价机制的探索，针对不同的农村社区类型研究农村公共文化服务供给主体及供给方式，探究所提供文化服务的效能提升问题，对于加快发展乡村文化、打造乡村文化振兴的"齐鲁样板"，有一定的应用价值。相关研究成果将丰富社会组织参与农村公共文化服务的实证研究，能够为乡村振兴的实施工作提供更加具体的衡量参数。

第二节 国内外相关研究

国内外关于"社会组织参与乡村文化振兴及公共文化服务效能"等方面的相关研究主要集中在以下五个方面。

一、社会组织研究

（一）社会组织的定义

当前，国外在社会组织研究领域领先于国内并且相对成熟。国际学术界通常将"社会组织"称为非营利组织或者非政府组织。[①]关于非营利组织，美国财务会计准则委员会（FASB）将其定义为一种机构实体，其目的不是获取经济利益，而是为公共利益服务和贡献社会价值，涉及的领域包括慈善、文化、教育、社区发展等。联合国对于非营利组织的定义则强调其独立于政府之外。相比国家和国际法律的界定，学界对于非营利组织的界定则呈现一种百花齐放的状态。汉斯曼（Hansmann）将非营利组织定义为为公共目的而存在、不通过市场交易进行资产配置，处于反对者与公共机构之间，具备自治性和集体性的组织。[②]莱斯特·萨拉蒙（Lester Salamon）从界定社会组织的特征层面来定义社会组织，他认为社会组织是组织性、民间性、非营利性、自治性、志愿性的。马科娃（Mackova）除了从性质层面定义社会组织，还强调社会组织的作用，即社会组织不仅能够丰富社会舆论，还能给出解决社会经济问题的个性化方案。[③]由于非营利组织发展成熟度及其所处社会情境的差异，国外学者关于非营利组织的标准在我国难以适用。我国学者更偏向于从比较宽泛的角度去界定。学者洪大用、康晓光认为，只要是依法注册的正式组织，从事非营利性活动，满足自愿性和公益性要求，具有不同程度的独立性和自治性，即可成为"中国的非政府组织"。[④]学者王名、贾西津指出，我国的社会组织需要满足的条件：不以营利为目的且具有正式的组织形式、属于非政府体系的社会组织，它们具有一定的自治性、志愿性、公益性或互益性。[⑤]

（二）社会组织的分类

在社会组织的分类方面，外国学者科尔特（Kolter）和安德烈亚森（Andreasen）根据社会组织所有权和经营宗旨将非营利组织分为私有非营利组织

---

① 刘娜. 嵌入视角下社会组织参与社区治理的问题研究［D］. 长春：吉林大学，2023：24-26.

② HENRY B H. The Role of Nonprofit Enterprise［J］. The Yale Law Journal, 1980, 89（5）: 835–901.

③ MACKOVA M, DVORAKOVA L. Nongovernmental Nonprofit Organizations as an Alternative Tool in the Transforming Economy［C］. European Conference on Management, Leadership&Governance. 2017（9）: 268–277.

④ 洪大用，康晓光. NGO 扶贫行为研究：调查报告［M］. 北京：中国经济出版社，2001：2.

⑤ 王名，贾西津. 中国非营利组织：定义、发展与政策建议［C］//2006 年度中国汽车摩托车配件用品行业年度报告.［出版者不详］，2006：12.

和所有权归政府所有的非营利组织。国内学者根据不同社会组织的类型会对居民积累社会资本产生不同的影响，将社会组织分为公益类、互益类和综合类三大类；又根据国家乡村振兴战略及组织成员是否同质，把社会组织划定为黏结型和桥接型，并指出这两种类型对社会资本的影响各不相同，但很难从技术角度加以区分。此外，还有一些学者依照社会组织是否以营利作为本质经营目的或是否具备竞争性标准将社会组织分为竞争性营利组织、竞争性非营利组织、独占性营利组织和独占性非营利组织。[①]

（三）社会组织的功能

朱莉·费希尔（Julie Fisher）对各国关于非政府组织的政策、地位及作用进行了全面阐述。[②]关于社会组织的产生，有弥补论和被弥补论。[③]弥补论认为，社会组织的产生源于市场或政府失灵，是对市场和政府缺陷的弥补。社会组织能在信息不对称条件下有效监督企业行为，关键在于提供公正、优质的服务弥补市场失灵。[④]至于被弥补论，则反其道而行之，将社会组织放在政府之前，认为先产生社会力量集结形式的社会组织，社会组织出现问题即"志愿失灵"之后，政府才会进行缺陷弥补。

二、乡村文化振兴战略体制研究

（一）乡村"五个振兴"战略布局

党的十九大报告首次提出实施"乡村振兴战略"，并指出其科学内涵，即"产业兴旺、生态宜居、乡风文明、治理有效、生活富裕"。2018年两会期间，习近平总书记在参加山东代表团审议时提出了乡村振兴战略实施的具体路径——"五个振兴"，即"产业振兴、人才振兴、文化振兴、生态振兴、组织振兴"，包含了当前农村的政治、经济、文化、社会、生态建设等方面，体现了我国"五位一体"的战略布局。文化振兴是其中重要的一环。它涉及乡村文化资源的保护、传承和发展，以及乡村文化服务体系的完善。有学者认为，乡村文化振兴是乡村振兴的铸魂工程，发挥着基础性、引领性作用。[⑤]乡村文化振兴在乡村振兴中占据着举足轻重的地位，它不仅是乡村振兴的重要内容，更是实现乡村全面振兴的关键力量。

① 刘娜. 嵌入视角下社会组织参与社区治理的问题研究［D］. 长春：吉林大学，2023：24-26.
② 费希尔. NGO与第三世界的政治发展［M］. 邓国胜，赵秀梅，译. 北京：社会科学文献出版社，2002：287.
③ 李晓团. 新时代社会组织参与环境协同治理研究［D］. 长春：东北师范大学，2023：20-43.
④ HENRY B H. The Role of Nonprofit Enterprise［J］. The Yale Law Journal，1980，89（5）：835-901.
⑤ 马玉娜. 以文化建设赋能乡村振兴［N］. 光明日报，2024-04-16（06）.

（二）乡村振兴战略规划及文化振兴的地位和作用

2018 年中央一号文件及中共中央、国务院印发的《乡村振兴战略规划（2018—2022 年）》，将乡村振兴推向了国家战略新高度。研究者普遍认为乡村振兴是一个全面振兴的综合性理念，要实现乡村的全域振兴、自主振兴，必须实现乡村的文化振兴，文化是支撑乡村振兴的重要精神动力。① 党的二十大报告中关于乡村文化振兴的内容强调了文化振兴在乡村振兴战略中的重要地位。报告指出，要"加快建设农业强国，扎实推动乡村产业、人才、文化、生态、组织振兴"，其中文化振兴是关键的一环。乡村文化振兴不仅是乡村振兴的重要内容，也是实现乡村全面振兴的重要途径。要激活乡村文化振兴的力量，创新乡村文化振兴的路径。② 在提供主体方面，仅凭国家公权力或者村庄自身的力量去推进乡村振兴是不现实的，要发挥政府的桥梁纽带作用，整合各种力量，共同推动乡村振兴战略的实施，③④ 让农民有动力、有能力，依靠自己的力量，主动推进乡村振兴。

三、乡村文化振兴背景下农村公共文化服务供需研究

（一）农村公共文化服务内涵及供需研究

公共文化服务是指由公共财政提供支撑，为社会公共利益服务的各种有形或无形的文化产品的总和，包括场馆建设、文学艺术、广播电视等。⑤ 公共文化需求是指与私人文化需求相对的，基于社会和公民文化需求而产生的，具有普遍性、一致性、不可分割性，反映着社会公共利益诉求和共同文化权益的整体性文化需求。⑥ 基于实证调查分析，研究者发现农村公共文化服务需求不断发展，呈现层次化特点；农民由被动接受者变为主动需求者，参与需求增强，呈现生活化和网络化特点；文化需求呈现多样化等特点。基于农民文化需求的导向，农村公共文化服务供给的有效性、满意程度引起了学界多维度的讨论。⑦

---

① 姜锐. 论传统戏曲在山东乡村文化振兴中的作用 [J]. 人文天下, 2018, 12 (6)：13-15.
② 邓世平, 曹露露. 以习近平文化思想为指引 推动乡村文化全面振兴 [N]. 湖南日报, 2023-12-25 (07).
③ 廖彩荣, 陈美球. 乡村振兴战略的理论逻辑、科学内涵与实现路径 [J]. 农林经济管理学报, 2017, 16 (6)：795-802.
④ 柴陈云. 乡村振兴大背景下整合乡村振兴力量的思考 [J]. 管理观察, 2018 (23)：62-63.
⑤ 王载册. 公共文化服务体系示范区制度性设计研究：黄石市公共文化服务体系建设的现状及未来发展政策 [J]. 黄石理工学院学报（人文社会科学版）, 2012, 29 (4)：13-18.
⑥ 吕方. 我国公共文化服务需求导向转变研究 [J]. 学海, 2012 (6)：57-60.
⑦ 杨海霞. 农村社区公共文化服务标准化研究 [D]. 武汉：华中师范大学, 2016：18.

在农村公共文化服务供给体制方面，我国公共文化服务体系建设的初期主要依赖政府主导的公共文化组织，如公共图书馆、博物馆、文化馆等。在当前经济快速发展的新阶段，政府应继续发挥保障主体作用，社会组织则发挥参与作用。针对政府与市场供给中存在的问题，如建设力量不足、管理不善等，有必要培育和建立由社会组织、社会团体、社区等提供服务的多元化或混合供给机制，鼓励社会力量、社会资本参与农村公共文化服务体系建设。

（二）农村公共文化服务的国外实践经验

根据国外相关研究文献，社会组织在西方国家的公共服务领域表现出高效率的优势，甚至在某些方面超过了政府。[①]例如，美国的乡村发展系统相对完善，在培育与发展文化产业过程中鼓励社会力量参与，以非营利性机构为体制基础，以科技创新为技术基础，以人才为保障，以法律为支撑，为乡村文化服务的供给提供了有力保障。又如，日本在乡村文化治理方面采用独特而完备的模式，主要包括"造町运动"、一村一品、人间国宝和大地艺术节等措施，保证了乡村文化服务供给充足且均衡。社会组织的广泛参与被认为在效率和效果上都高于政府，成为日本乡村公共文化服务体系中的重要力量。[②]

四、国内农村公共文化服务发展和社会组织参与乡村文化振兴相关研究

（一）国内农村公共文化服务发展

在乡村振兴背景下，我国各地通过多种形式提供农村公共文化服务，如通过政府及社会承办的文化大院、图书馆、博物馆、农家书屋、送戏下乡，以及农民自发组织的文化娱乐协会活动等形式，来丰富农村文化生活。具体到山东省，山东省在推动乡村文化振兴方面采取了一系列措施，以实现乡村振兴战略的目标。山东省根据《山东省乡村振兴战略规划（2018—2022年）》制定了具体的工作方案，旨在全力打造乡村振兴齐鲁样板。该方案强调了公共文化服务的标准化和均等化，以及农村公共文化设施、队伍、活动和投入的保障。2007年以来，为响应山东省政府的倡导，各地村委会陆续组织开展了"文明村镇""文明一条街""十星级文明户"及和谐家庭等乡风文明创建系列活动；2015年以来，山东省统筹

---

①　PETER G. Personal Services in the Post-industrial Economy: Adding Nonprofits to the Welfare Mix [J]. Social Policy & Administration, 2004, 38（5）: 456-469.
②　冯永财，李婧，郭利伟. 发达国家乡村文化治理模式分析及对我国的启示 [J]. 图书馆，2022（2）: 11-17.

城乡文化设施建设布局和资源配置，重点县级院团基本实现了"一团一场（剧场）"，打造出"图书馆＋书院"模式、乡村儒学推进计划、县及县以下历史文化展示工程等文化品牌，提出"一村一月一场电影、一村一年一场戏"等文化工程、文体小广场建设标准，并建设海疆数字文化长廊、盲人数字图书馆、文化精准扶贫等惠民文化工程。2018年以来，山东省基本实现了全省基层综合性文化服务中心的全面覆盖。山东省还充分发挥了民主党派、群团组织、企事业单位和行业协会的作用，积极引导其投身乡村振兴事业，营造出全社会参与乡村振兴的浓厚氛围。同时，持续深入开展了"民主党派助力乡村振兴县区行"活动，扎实推进了"万企兴万村"和"百校联百县兴千村"等行动。

然而，有学者研究发现，现有的农村公共文化服务体系还存在群众文化需求表达途径缺乏、参与度不高，公共文化服务供给模式单一、覆盖面积较窄以及基层领导干部服务意识不足等问题。为此，建立标准化的农村公共文化服务体系显得尤为重要。

（二）社会组织参与乡村文化振兴相关研究

社会资本、公民参与网络等构成了农村公共文化服务的重要资源，为有效供给提供了支撑，并形成了政府主导、社会参与、市场配置的多元复合模式。社会组织本身具有机动灵活的优势，能够更好地满足农民多层次的文化需求。针对社会组织如何参与提供公共文化服务，有学者提出要充分发挥竞争机制的作用，促使社会组织实现定位转化，以提高治理的效率和灵活性。[①]目前，社会组织已通过政府购买、委托承办等方式参与到乡村文化振兴公共服务中。

而研究发现，当前社会组织参与乡村文化振兴公共服务存在资金不足、专业人才匮乏、自身管理能力差等方面的问题。此外，财政投入不足、法律保障体系不完备、监管能力不足以及管理理念未及时更新等因素也在一定程度上制约了社会组织在乡村文化振兴中作用的发挥。

五、乡村振兴背景下农村公共文化服务效能及社会组织参与乡村文化振兴相关实践研究

（一）公共文化服务效能拓展性内涵

有学者提出，效能是衡量工作结果的尺度，通常包含效率、效果、效益三个

---

① 罗森伯姆，孙迎春. 公共服务中的政府、企业与社会三方合作［J］. 国家行政学院学报，2004（5）：93—96.

维度。文化服务效能是公共文化服务体系达到预期结果或影响的程度，即公共文化服务体系功能实现的程度。[①]西方的新公共服务理论强调加强政府与外部主体之间的沟通与协作，推动政府角色转变。通过强调社会力量和非政府组织参与公共服务过程，能够有效地使用公共资源，提高公共文化服务的效能。公共文化服务效能主要体现在公共文化服务的体制、主体、体系和绩效评估等方面。进行文化体系的系统结构创新，是提高公共文化服务效能的关键举措之一。通过引进市场机制和民间力量，可以优化公共文化服务的微观主体结构，建立健全市场经济环境所要求的"政府—市场—文化机构"之间良性互动的关系模式。公共文化服务体系可以通过引入公平竞争机制提升公共文化服务水平，进而提高公共文化服务的效能。

（二）社会组织参与乡村文化振兴的效能

目前，我国农村公共文化服务存在一些问题，如文化设施及文化资源匮乏或闲置、运营管理不当、人才队伍水平不高、农村文化缺乏活力等。改善这些问题需要一个客观地反映公共文化服务进程效率和落实效果的评估指标体系，以便动态跟踪公共文化服务推进进度，衡量其效能。目前关于社会组织参与乡村文化振兴的效能指标研究涉及多个方面，包括社会组织在乡村文化振兴中的作用、面临的困境以及提升效能的路径等。在效能评估指标体系研究方面，部分学者研究构建了包括知晓度、参与度、满意度、文化获得感、文化幸福感五个维度的乡村公共文化服务效能评价指标体系。[②]这些指标有助于衡量社会组织参与农村公共文化服务的效能。这些研究也为社会组织参与农村公共文化服务提供了理论基础和指导，明确了社会组织在乡村文化振兴中的重要地位，同时也揭示了社会组织在实践中可能遇到的挑战和困境。社会组织自身也应增强文化内生引领能力，探索良性运行机制，提升参与乡村文化振兴的效率和质量。[③]通过这些研究，我们可以更深入地了解社会组织如何有效地参与乡村文化服务，以及政府与社会组织如何通过协同治理提升农村公共文化服务的效能。

（三）社会组织参与乡村文化振兴的效能提升路径

社会组织通过制度、专业、服务、技术融入农村公共文化服务中，从群众的

[①]　林芳. 国内公共数字文化服务评价研究述评［J］. 图书情报工作，2017，61（15）：146-152.
[②]　范贝贝，李瑾，冯献. "以人为核心"导向下乡村公共文化服务效能评价研究：以北京市生态涵养区为例［J］. 农业图书情报学报，2023，35（9）：80-90.
[③]　徐顽强，于周旭，徐新盛. 社会组织参与乡村文化振兴：价值、困境及对策［J］. 行政管理改革，2019(1)：51-57.

需求出发，以多主体、多维度的方式满足群众的多元文化需求，调动了农村群众参与文化活动的积极性，显著提升了基层公共文化服务的效能。

提升农村公共文化服务水平是推进乡村文化振兴的必要保障，协同治理是提升农村公共文化服务水平的重要机制。研究发现，政府资源投入、村民参与程度、公共文化队伍和活动覆盖面是影响农村公共文化服务协同治理效能的主要因素。

社会组织参与农村公共文化服务效能提升的路径包括：优化公共文化服务设施结构和布局，促进公共文化服务产品由普适性向精准性转变，构建多层次、多渠道的公共文化供给机制，深入挖掘和创新优秀传统乡土文化，等等。社会组织在参与乡村振兴的过程中，需要注重乡村人才的培育、获得村干部的认可和支持、加强社会资源整合等。

总之，社会组织在乡村文化振兴中具有重要作用，它们能够提供动力、资金和氛围上的支持，有助于基层社会治理的发展。但同时社会组织的参与也面临着定位模糊、治理低效和激励有限等困境。乡村振兴背景下社会组织参与农村公共文化服务的相关研究在一定程度上推动了公共文化服务效能理论的发展，但仍存在一些局限性：一是多以城市公共文化服务体系的研究为主，农村相关研究相对较少，社会组织参与服务的研究主要停留在体制层面，还有待继续深化。二是在乡村振兴的新形势下，国内专门针对农村公共文化服务效能的理论研究尚处于探索阶段，关于社会组织参与农村公共文化服务效能的研究成果较少，且针对性不强。三是在探讨农村公共文化服务的范畴时，往往以"现阶段基本公共文化服务"为基准，这样做的优点是具有政策研究上的可操作性和现实性，但作为理论研究，则缺乏指导性和前瞻性。四是对研究对象偏重外在的、自上而下的视角，对于农村公共服务对象，即农民群体的主观意愿、需求心态及需求满足程度的深入研究相对较少。因此，加强社会组织参与农村公共文化服务的效能研究，成为构建乡村振兴背景下农村公共文化服务体系的重要命题。本书基于以往的研究成果，结合乡村振兴战略，以需求—反馈机制为出发点，对于社会组织参与山东农村公共文化服务的效能问题展开较为细致的理论与实证研究。

第三节 研究方法、调研内容、调研进程、研究思路与研究框架

一、研究方法

本书的实证研究主要聚焦于山东省社会组织参与乡村文化振兴公共服务的状况。本次调查从 2020 年持续到 2022 年，历经三个时段，选取了山东省内的济南（市中区、莱芜区）、泰安（岱岳区）、沂南、荣成等地，分别对 20 个村庄、五个乡镇、一个市级文化馆、两个乡村博物馆进行了实地调研。在具体调查方法上，采取问卷式随机抽样调查法，并结合结构式访谈法、实地考察法，进行数据资料信息采集。

（一）抽样调查法

抽样调查对象为 16 周岁以上 70 周岁以下的农村居民。在 95% 的置信度下按抽样误差不超过 3% 的要求，根据科学性、代表性与可操作性原则进行调查。经过聚类分析，此次抽样调查采取简单随机抽样的方式并综合考虑现实条件等，每个村分别抽取 45～50 名村民填写问卷，且抽取的调查对象涵盖不同年龄层次、不同性别、不同文化程度和收入状况等类型。

在本次调查过程中，调查人员共实地发放问卷 650 份，回收 632 份有效问卷，问卷回收率约为 97%，有效回收率为 100%。调查对象的基本情况如下：在性别方面，男性占 37.97%，女性占 62.03%，与留村村民比例大体相当，基本符合本次调查的预期。在年龄方面，大多数调查对象年龄在 51 岁以上，占比为 53.64%，达到总数的一半以上。在文化程度方面，大部分调查对象的文化程度为初中及以上，其中初中文化程度占比最高，达到 39.56%，小学文化程度次之，占比为 24.37%。具体数据见表 1–1。

表 1–1　调查样本基本情况

变量	变量值	样本数	百分比
性别	男	240	37.97%
	女	392	62.03%
	总计	632	100%

（续表）

变量	变量值	样本数	百分比
年龄	16～29 岁	56	8.86%
	30～40 岁	97	15.35%
	41～50 岁	140	22.15%
	51～60 岁	173	27.37%
	61 岁及以上	166	26.27%
	总计	632	100%
文化程度	未接受教育	100	15.82%
	小学	154	24.37%
	初中	250	39.55%
	高中	93	14.72%
	大专	25	3.96%
	大专以上	10	1.58%
	总计	632	100%

（二）结构式访谈法

本次调查采用结构式访谈法，就社会组织参与乡村文化振兴的相关问题，如社会组织参与种类、内容，村民参与乡村文化振兴活动的意愿和满意度，村民对社会组织参与乡村文化振兴的认知度和意见、建议等，访谈了社会组织和乡村有关的管理人员、村民总计 90 人。具体情况如下：

①访谈了各乡镇、村两委分管乡村文化振兴的负责人 18 人。

②访谈了各乡镇、村与乡村文化振兴乡风文明相关的社会组织负责人 20 人。包括但不限于红白理事（移风易俗）会、老年人协会、广场舞队、锣鼓队、家长学校、国学学堂、社工组织、志愿者组织、大学生"三下乡"服务队、乡村振兴服务队、非遗文化及红色基因传承队伍、庄户剧团、中小学幼儿园负责人。

③访谈村民代表每村 2～3 人，共 52 人。

（三）实地考察法

本次调查实地考察了村图书室、农家书屋、电子阅览室、文化礼堂、文化综合活动中心（文化大院）、道德讲堂、儒学讲堂等文化服务设施的建设、管理、使用、开放、利用率情况。了解各方力量包括文化组织、人才队伍、志愿者组织参与捐赠或管理的状况。

二、调研内容

（一）以村民、村庄、乡镇负责人为对象的调研

①调查涉及的村庄的公共文化服务基本状况，包括本村的文化服务设施的种类、数量等。

②村民在文化方面和娱乐方面的需求。

③村里开展过的文化活动，村民的参与意愿。

④乡村文化振兴对村民个人生活的重要程度。

⑤除了政府投入，村民自发或其他社会力量做过的事情。

⑥村民对所在地乡村文化振兴公共服务的整体满意度。

⑦村里及乡镇开展乡村文化振兴公共服务项目面临的困难。

⑧培育文化人才队伍、新乡贤队伍（非遗传承、志愿者组织等）方面的措施。

⑨对乡风文明、文体活动、文化培训等乡村文化振兴方面的建议。

（二）以社会组织负责人为对象的调研

①文化组织或社工、志愿者组织参与捐助或管理的乡村文化项目的情况。

②村民在文化方面和娱乐方面的需求。

③村民对社会组织参与乡村文化振兴的认知度、满意度。

④村里及乡镇开展乡村文化振兴公共服务项目面临的困难。

⑤对乡风文明、文体活动、文化培训等乡村文化振兴方面的建议。

三、调研进程

（一）确定调研主题

2020年5月，课题组成员通过多次商讨，在文献综述的基础上确定了本次调研的主题和提纲。调研主题为社会组织参与乡村文化振兴公共服务的相关问题。

（二）定点

由于经济社会发展水平不同，山东省各地的乡村振兴实践也各不相同。课题组决定先采用典型选样的方式按区域发展水平的不同从山东省西、中、东三大区域选择了五个县（市、区），分别是济南市市中区、济南市莱芜区、泰安市岱岳区、临沂的沂南县和威海的荣成市。然后，通过与当地联系人反复协商，在每县（市、区）选择2～6个有典型意义的村庄等作为调查点：济南市市中区选择了十六里河的四个村——石崮村、石匣村、分水岭村、瓦峪村，济南市莱芜区的调研选择了六个村——大王庄镇的独路村、王石门村、大下河村、竹园子村，牛泉镇的庞家庄村，口镇的下水河村；泰安市岱岳区选择了泰山乡村博物馆和岳庄村、东孙村两个村；沂南县的调研选择了三个村和一个社区——岸堤镇的兴旺庄村、小崮庄村、朱家林村、岸堤社区；荣成市选择了四个村——大庄许家村、留村、东墩村、牧云庵村。2020年7月，课题组成员到这20个调查点进行了实地探查，与各村负责人就调研主题、调研方法等问题进行了认真深入的讨论。实地考察发现，这些地方基本符合课题组的调研要求，他们也愿意接受课题组的调研，课题组最终确定了这20个地方作为最终的调查点。

（三）确定调研内容

2020年5月确定调研主题后，课题组一方面选定调查点，另一方面确定调研内容。课题组希望通过访谈员的深度访谈和问卷调查，分别针对不同的调研对象采用不同的调研假设和调查提纲。针对社会组织，调研其参与乡村文化振兴的项目种类和内容；针对村民，调研其参与乡村振兴文化活动的意愿和满意度及其对于社会组织参与乡村文化振兴的认知度和意见、建议；针对乡镇文化站、村镇负责人，调研其所负责文化站和村镇或乡镇乡村文化振兴活动的开展情况及社会组织参与相关活动的现状和问题。

（四）访谈员的招募和培训

能否找到合格的访谈员是调研能否成功的关键。除了要求访谈员具有认真、诚恳、善于共情的个性，具有深度访谈的基本技巧，能长期参与调查点村民的日常生活也是一个合格访谈员应具备的重要条件。为了个案研究的成功，课题组决定从各调查点全面筛选知识水平较高、热心参加实地调研、有充足时间驻村的人员作为访谈员。经过反复筛选，2020年7月初课题组初步确定了各调查点的访谈员队伍（每村2～5名访谈员）。7月17日，课题组在济南大学社会保障实验室进行了为期一天的访谈员培训。培训内容主要包括对调查背景、调查目的和意义的介绍，对调研主题、调查内容的介绍，各调查点特色的分析，访谈技术、访谈工具使用方法、调查进程的说明等。培训既包括课题组负责人的讲解，也包括参会者的互动讨论。培训后每位访谈员都拿到了调研员工作手册、访谈大纲等工作材料。

（五）现场调研

2020 年 7 月—2021 年 7 月，访谈员在各村通过走访的方式进行实地研究。

首先，访谈员以"立意选样"的方式选择访谈对象。选出的访谈对象要尽量体现出不同类型村民的典型性，每村约选取 30 人进行访谈或问卷调研。

其次，进行深度访谈。访谈员选择合适的时间与被访谈对象进行面对面的深度访谈。

再次，除深度访谈外，访谈员还采用半参与观察的方式实地察看村容、村貌，了解村庄的变化。访谈员通过实地观察村民的行为了解民风民俗，他们也多方查看村志、村史等文献材料，以求从多个角度了解村庄的历史和现状。

最后，在收集各种资料的同时，访谈员在现场对所获取的资料进行记录、整理，发现问题及时进行回访，而后通过定性分析对资料进行归类整理。

（六）统计调查

统计调查工作大体上可以分为如下三个阶段。

首先，确定调查样本阶段。本次统计调查的调查总体是 20 个村的全体户籍村民。各村之间人口差异较大，最大的村有 4120 人，最小的村有 361 人。对于样本容量的确定，课题组采用了经验法。国内农村调查专家和课题组专家长期进行乡村调查的经验表明，农村居民的社会分化相对较小，其社会态度的差异相对不大。只要充分照顾到农村居民的年龄差异、工作性质差异和性别差异，以数量相对较小的样本就能很好地反映调查总体的社会态度。据此，课题组以"大于村民总户数 10%，且每村不少于 50 人"的原则确定样本容量。考虑到被调查的 20 个村大小较为悬殊，课题组按"小村大比例、大村小比例"的标准调整了各村的抽样比例，大村的抽样比是 14%，小村的抽样比最高达到了近 30%，最后抽出的样本总人数为 650 人，最大限度地保证了样本的代表性。抽样方法的确定也全面考虑了村民社会态度分化的状况和乡村调查的实际。课题组确定采用配额抽样的方法选取各村的调查样本：先请各村提供本村 16 岁以上户籍人口在年龄、工作性质方面的构成表，然后按照等比原则将每村的调查样本分配到每一个子项中，再按 1 : 1 的比例在每个子项中按男女进行分配，最终选取出每村的调查样本。

其次，收集资料阶段。收集资料阶段的工作比较复杂。2021 年 7 月，课题组综合考虑各方面的因素，决定使用第一次调查招聘的访谈员和济南大学学生分两批进行问卷调查。鉴于青壮年村民大都不在家，问卷使用方式分成了两种：一种是对符合配额抽样要求的老年人进行入户面访。老年人一般都在村里，既容易寻找又易于配合，但他们大多文化程度不高，访谈员应该持问卷对他们进行一对一的面访；另一种是对青壮年村民进行线上问卷调查。青壮年村民绝大多数都会使用智能手机，访谈员与他们联系后说明调查目的、要求和报酬，然后请他们在手机上利用"问卷星"App 填写调查问卷。到 8 月 15 日，经复核后补充调查，632 份村民调查问卷、6 份村民委员会主任调查问卷最终完成。

最后，分析资料阶段。2021 年 8 月 16 日到 30 日，课题组对问卷进行录入整理，并采用社会科学统计软件包（SPSS）对数据进行了单、双变量的统计分析。

（七）撰写调研报告

从 2021 年 10 月到 12 月，课题组成员对个案研究资料和统计调查数据又进行了深入阅读研究，通过文献研究了解了政界、学界和公众对中国乡村文化发展的不同看法，通过专家访谈（包括学术专家和实际工作领域的专家）、参加座谈会等方式对乡村文化振兴的重大理论和具体政策问题进行了多次研讨。在此基础上，课题组对这次调研活动作出了最后总结，得出了基本结论并尝试着对山东省的乡村振兴工作提出初步的发展建议。

2022 年 3—12 月，调研组采用线上、线下两种方式与报告撰写者多次讨论研究报告的撰写方式，统一了报告的风格、结构和体例。报告撰写者多番修改、几易其稿，最后于 2023 年 6 月底完成了课题调研报告。

四、研究思路与研究框架

（一）研究思路

通过实证调查，阐述社会组织参与乡村文化振兴公共服务的现状、效能、问题等方面，包括目前各地乡村文化振兴中社会组织所提供的文化设施、特色文化振兴活动、文化产业、文化人才队伍及不同社会组织的参与状况，以及村民的文化可得性、满意度等方面。在分析农村公共文化服务体系建设、农民文化需求表达机制、提供的公共文化服务效能发挥情况等方面的基础上，以公共文化服务效能为切入点，通过设计社会组织参与乡村文化振兴公共服务效能评估指标体系，进行效能现状评价，发现问题，构建效能提升机制。具体研究思路，见图1-1。

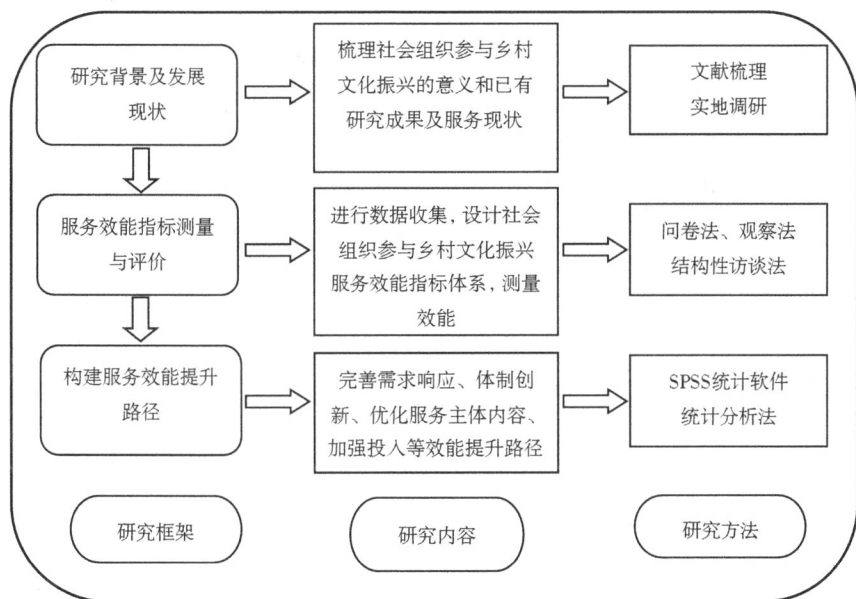

图1-1 研究思路

（二）研究框架

1. 乡村文化振兴战略背景及相关政策实施现状

山东省乡村文化振兴战略及工作方案的出台，对于农村公共文化的供给体制提出了内涵和外延方面的具体要求。课题组基于公共服务供给主体多元化的视角，通过文献研究和政策分析，梳理新形势下农村公共服务供给的方式和特点，结合农村公共文化服务标准化、均等化，农村公共文化设施、队伍、活动、投入有保障，文化产品和文化服务丰富繁荣，农村文化人才队伍壮大，乡村文明水平提升，优秀传统农耕文化传承发展成效，新乡贤文化培育等目标和内容，研究农民公共文化需求的引导方向以及社会组织在农村公共文化服务供给中扮演的角色及发挥作用的空间。

2. 社会组织参与乡村文化振兴的效能分析

社会组织作为农村公共文化服务的供给主体之一，可以通过政府购买、直接投资、委托承办、项目创投与外包等方式，参与乡村文化振兴公共服务供给。在了解山东省社会组织参与农村公共文化服务体系建设现状的基础上，通过调查确认农民公共文化服务需求类型及需求表达机制，并以公共文化服务效能为切入点，设计公共文化服务效能评估指标体系进行效能评价。主要指标包括社会组织参与农村公共文化服务供给的设施与项目建设、设施利用率、服务项目运行情况、村民满意度、服务的可及可得性、服务供给与需求的适配性、村民的参与度、需求反馈机制、需求引导机制。课题组的研究重点是发现需求导向下的公共文化服务供给机制存在哪些问题，即实际的服务是否满足了乡村文化振兴和农民的文化需求、是否依托乡村振兴战略对农民的公共文化需求进行科学化、健康化引导。

3. 社会组织参与乡村文化振兴的困境及其成因

结合理论与现实，围绕文化活动形式、群众参与主动性、载体建设创新度、社会资源要素下乡通道、社会组织自身建设、政府支持等方面，分析社会组织参与乡村文化振兴的困境，并从村民参与活动的主体意识、资源供给、社会组织与政府合作机制等方面，寻求困境的形成原因。

4. 构建社会组织参与乡村文化振兴公共服务效能提升的路径

结合省内外经验，探讨社会组织在农村公共服务供给过程中实现服务效率、效果、效益提升以及优化资源配置的运行模式，包括研究参与方式创新机制、需求响应机制、优化主体内容、提升服务质量、绩效指标等多层次内容，形成以需求识别与服务反馈为导向、既有基本共性又富有齐鲁乡村特色的社会组织供给公共文化服务效能的评估机制，提升农民文化生活的获得感、幸福感。

第二章 乡村文化振兴与社会组织

第一节 乡村文化振兴的背景与政策

一、乡村文化振兴的时代背景

乡村文化振兴的时代背景是一个多元且复杂的综合体，它不仅涉及工业化与城市化快速推进中乡村社会结构变迁所带来的种种挑战，还触及城乡之间发展不均衡导致的文化差距与文化资源匮乏问题。同时，这一背景也深刻反映了保护和弘扬传统文化的迫切需求，以及在乡村振兴战略框架下，对文化振兴提出的明确要求和期望。

（一）工业化与城镇化进程中的乡村变迁

工业化进程的迅猛发展和城市化步伐的不断加快，使得我国农村地区正经历着前所未有的转型与挑战，同时也迎来了新的发展机遇。一方面，工业化促进了农业生产模式的革新，显著提升了农业生产效率，但随之而来的是大量农村劳动力涌向城市，乡村人口大幅减少。另一方面，国家大力推进城镇化建设，旨在通过促进农村资源向城市的有序流动，推动城乡协调发展。在这样的背景下，乡村文化的振兴变得尤为关键，它不仅是维护乡村社会稳定的重要基石，也是推动乡村经济与社会持续健康发展的核心动力。

（二）消费结构的升级为乡村文化产业带来发展机遇

随着居民生活品质的提升和消费观念的转变，消费者对文化产品的需求正不断攀升。特别是在乡村旅游与文化创意产业的蓬勃发展中，消费者对富含乡土韵味和文化底蕴的文化产品展现出越来越浓厚的兴趣。这一趋势为乡村文化产业开辟了广阔的市场。乡村文化振兴策略应紧跟这一消费潮流，致力于提供多样化的乡村文化产品和服务，以满足消费者的多元化需求，从而推动乡村经济持续健康发展。

（三）城乡发展差距与文化荒漠的显现

受历史、政策导向及资源配置等多重因素影响，我国城乡发展差距显著，其中优质教育、医疗、文化资源普遍向城市集中，乡村地区则面临资源相对匮乏的困境。这种不均衡的资源分配现象，致使乡村地区广泛存在"文化荒漠"现象，即乡村民众的文化需求难以得到充分响应，乡村文化建设严重滞后于时代步伐。因此，推行乡村文化振兴战略，弥补城乡文化发展鸿沟，已成为当前及未来一段时间内的重要使命。

（四）传统文化保护与发扬的需求

乡村作为承载中华文化的重要基石，蕴藏着深厚的历史文化底蕴与独特的乡土文化特色。然而，在现代化进程加速和经济全球化影响日益加深的背景下，我国传统文化面临多方面的挑战。鉴于此，从保护与传承传统文化的视角出发，实施乡村文化振兴战略显得尤为紧迫。通过深入挖掘与整理乡村文化资源，促进传统文化与现代文明的深度融合，不仅能够有效丰富民众的精神文化世界，还能进一步强化民族认同感与文化自信。

（五）乡村振兴战略下的文化振兴要求

乡村振兴战略是我国政府为全面推进乡村发展而制定的关键性策略，其中乡村文化振兴占据着举足轻重的地位。通过强化乡村文化建设，不仅能够提高乡村居民的文化水平和生活质量，还能促进乡村经济社会的稳步前行。此外，乡村文化振兴还为乡村振兴注入了强大的精神动能与文化支持，有力推动了乡村治理体系的完善与治理能力的提升。

（六）新时代背景下的文化自觉与自信

步入新时代，我国对文化传承与发展的理解日益深化。乡村文化振兴不仅旨在守护传统文化，更是培育与涵养新时代文化自觉与文化自信的重要途径。通过强化乡村文化建设，能够引领乡村居民树立积极向上的价值观与文化观念，激发他们的文化自觉与文化自信，进而推动社会主义文化的繁荣发展。

（七）数字化技术的快速发展为创新提供了可能

随着数字化技术的迅猛进步，如互联网、大数据、人工智能等的广泛应用，信息传播的速度与广度实现了前所未有的飞跃。这些技术为乡村文化的传播与普及开辟了更为便捷高效的路径，同时也为乡村文化产业的创新发展带来了全新动力。乡村文化振兴战略积极融入数字化潮流，充分利用现代科技，促进乡村文化的创造性转化与创新性发展，持续增强乡村文化产业的影响力和市场竞争力。

2024 年 7 月，党的二十届三中全会作出了进一步全面深化改革、推进中国式现代化的战略部署，强调了文化自信的重要性，提出必须发展社会主义先进文化，同时弘扬革命文化和传承中华优秀传统文化，为乡村文化振兴指明了方向，提供了动力。在这一时代背景下，我们必须充分认识到乡村文化振兴的重要性和紧迫性，采取有效措施加以推进，为实现乡村全面振兴和中华民族伟大复兴的中国梦贡献力量。

二、乡村文化振兴的政策引领及实效

发展文化产业是乡村文化振兴的重中之重，党的二十大报告提出要繁荣发展文化事业和文化产业，并实施重大文化产业项目带动战略，以推动乡村文化资源活化应用和乡村文化产业创新发展。此外，近年来，国家及地方出台了一系列支持乡村文化振兴的政策和法规，主要列举如下：

（一）《中华人民共和国乡村振兴促进法》

2021 年 4 月 29 日，第十三届全国人民代表大会常务委员会第二十八次会议通过《中华人民共和国乡村振兴促进法》，其中明确提出：各级人民政府应当组织开展新时代文明实践活动，加强农村精神文明建设，不断提高乡村社会文明程度；应当采取措施丰富农民文化体育生活，倡导科学健康的生产生活方式；应当健全完善乡村公共文化体育设施网络和服务运行机制，鼓励开展形式多样的农民群众性文化体育、节日民俗等活动，充分利用广播电视、视听网络和书籍报刊，拓展乡村文化服务渠道，提供便利可及的公共文化服务。

（二）《社会组织助力乡村振兴专项行动方案》

2022 年 5 月，国家乡村振兴局、民政部联合下发《社会组织助力乡村振兴专项行动方案》，进一步动员社会组织积极参与巩固脱贫攻坚成果和全面推进乡村振兴，加大对国家乡村振兴重点帮扶县支持力度。方案提出，积极探索创新，加快推进社会组织参与乡村产业、人才、文化、生态、组织全面振兴。方案也提出了三大重点任务：一是结对帮扶国家乡村振兴重点县，持续巩固拓展脱贫攻坚成果。二是积极参与乡村振兴重点工作，打造社会组织助力乡村振兴公益品牌。

三是聚焦重点区域和重点领域，开展社会组织乡村行活动。

（三）《"大地流彩－全国乡村文化振兴在行动"工作方案》

2024 年 3 月，农业农村部办公厅、中国文联办公厅联合印发了《"大地流彩－全国乡村文化振兴在行动"工作方案》，提出贯彻落实习近平总书记关于"三农"工作的重要论述，锚定建设文化强国、农业强国目标，坚持发挥农民主体作用，务实高效开展形式多样、丰富多彩的乡村文化活动，广泛宣传党的创新理论，全面加强乡村文化保护传承，推动农耕文明优秀遗产与现代文明要素有机结合，促进乡村文化资源活化应用和乡村文化产业创新发展。方案提出了 12 项重点活动内容，包括举办文化宣讲、公益培训、农民诗会、农民文艺作品展、乡村优秀文化艺术展演等。该方案涵盖精神文明、素质培育、文体活动、展示交流、挖掘保护、创新传承等多方面内容，让农民唱主角、展风采、得实惠，并动员社会各方力量积极参与，不断繁荣乡村文化事业和文化产业，在创造性转化和创新性发展中，让新时代的乡村文化绽放瑰丽华彩。

（四）《关于动员引导社会组织参与乡村振兴的实施方案》

2022 年 7 月，山东省民政厅、山东省发展和改革委员会、山东省乡村振兴局印发《关于动员引导社会组织参与乡村振兴的实施方案》的通知，在乡村文化振兴方面制定了一系列全面而具体的政策措施，旨在通过多方面的努力推动乡村文化的繁荣发展，为乡村振兴战略的全面实施提供强大的精神动力和文化支撑，彰显了这个东部经济大省对乡村文化工作的高度重视。该方案提出，社会组织参与乡村振兴专项行动的主要内容有助力乡村产业发展、助力乡村人才培育、助力乡村文化建设、助力乡村生态保护、助力乡村社会治理，保障措施为搭建供需对接平台、搞好项目库建设、加大培育支持力度、加强工作指导、强化激励引导。

2024 年春节期间，山东省推出了乡村文化旅游节。为了办好这次乡村文化旅游节，相关部门委托文体策划演出机构推出了一系列活动，让游客的多方面需求得到满足。比如，开展 2024 "好客山东"贺年会，推出韵味山东年、品味山东年、滋味山东年、趣味山东年等主题文旅产品。开展文旅惠民活动，各地景区、酒店等文旅企业推出一系列打折优惠促销活动。在乡村文化旅游节期间，人们不仅可以领略极具特色的民俗文化，如济南鼓子秧歌、潍坊龙年风筝等，还可以逛一逛黄河大集，购买特色好品好物，抑或是登上"村晚"舞台，感受浓浓的年味儿。

压油沟乡村旅游度假区位于临沂市兰陵县，曾是远近闻名的贫困村。2017

年景区开放后，以其独特的自然环境和准确的市场定位，迅速获得业界认可。压油沟村也享受到了旅游发展的红利，村民在家门口端上了"旅游饭碗"。漫步压油沟风景区，这里的慢生活休闲体验区格外引人注目。景区内保留着罕见的石槽碾和建筑年代久远的民居，在旅游项目开发建设过程中遵循不拆迁、不破坏的原则，既保持原有建筑的外观和风貌，又对其进行合理利用。压油沟乡村旅游度假区大力开发项目二期，以压油沟村为中心，辐射周边三个乡镇14个村庄参与旅游开发，打造了居客之家民宿、盆景小镇、文创中心、乡村"迪士尼"等项目，进一步拓宽了乡村振兴渠道。项目二期以旅游产业为核心，带动民宿康养、盆景、生态养鱼等多个产业融合发展。二期项目全部建成后，将引进和培育20多家深加工专业合作社和企业进驻项目区创业，围绕现代农业、旅游业服务的经营户有270多家，可带动1200多人就业。

作为济宁微山岛的门户，微山岛镇大官村村口紧邻微山岛大官码头。近年来，当地大力发展乡村旅游，登岛游览的游客多了起来。村里还建起了渔家文化民俗馆，篮、笼、罩、独笼、地笼、鱼叉……走进民俗馆，各类反映渔民生活习俗的老物件通过实物展示和互动体验等方式进行现场展示，吸引八方游客纷至沓来。全村860多人，六成从事旅游生意，经营餐饮、住宿、特色湖产等产业。该村成了名副其实的旅游特色村。村里对铁道游击队纪念园、生态荷园等场所进行改造提升，形成了人湖生态观光体验、渔家美食、休闲渔业、精品民宿等产品体系，丰富的文旅产品也让村里实现了"引客""留客"的目标。

三、乡村文化振兴政策对农村公共服务的促进作用

乡村文化振兴的重大价值不仅在于推动农村经济社会的全面发展，更深刻地体现在对中华优秀传统文化的传承与弘扬、农民文化素养与乡村社会文明程度的提升、城乡融合发展的促进以及国家文化软实力的增强等多个维度。因此，我们必须高度重视乡村文化振兴工作，从公共服务供给主体多元化的视角，梳理新形势下农村公共服务供给方式和特点，以充分发掘并利用乡村文化资源的独特优势，激发乡村文化产业的活力，为乡村振兴战略的成功实施贡献重要力量。

（一）促进农村经济社会全面发展

乡村文化振兴战略通过深入挖掘乡村地区丰富的文化资源，并有效加以利用，为农村文化产业的发展注入了强劲动力，从而为农村经济增添了新的活力源泉。这一举措不仅为农民提供了多样化的收入来源，显著提升了他们的生活质量，还促进了农村经济结构的多元化，增强了乡村经济的综合实力。此外，文化产业

的蓬勃发展还带动了旅游、餐饮、住宿等相关产业的同步发展，为农村经济的全面增长注入了更多动力。

（二）促进乡村经济转型升级

乡村文化产业作为一种新兴的产业模式，展现出低碳环保、高附加值及综合效益显著的特点。推动乡村文化产业的发展，不仅能够促进乡村地区的就业率增长与农民收入提升，还有助于实现经济增长方式的转型，进一步推动乡村经济结构的优化升级。通过深度挖掘乡村丰富的文化资源，并开发具有鲜明特色的文化产品和旅游项目，能够实现文化与旅游产业的深度融合，从而为乡村经济发展打造出全新的增长极。

（三）提升乡村社会治理水平

乡村文化振兴不仅促进了乡村经济领域的复苏与繁荣，更推动了乡村社会层面的全面进步与提升。通过深化乡村文化建设，能够引导村民形成正确的价值观与行为规范，提高他们的文化素养及社会责任感。此外，丰富多彩的乡村文化活动还能充实村民的精神世界，增强他们的归属感与幸福感，进而推动乡村社会的和谐、稳定与持续发展。

（四）传承和弘扬中华优秀传统文化

乡村作为中华文化的深厚根基，蕴藏着丰富的历史文化底蕴与多彩的民俗风情。实施乡村文化振兴，旨在更好地守护与传承这些珍贵的文化遗产，使更多人有机会深入探索并感受中华文化的博大精深。与此同时，通过文化产业的创新发展，我们能够以更加鲜活、直观的形式展现传统文化，吸引更多人参与，进而实现对中华优秀传统文化的高效传承与广泛弘扬。

（五）提升农民文化素养与乡村社会文明程度

乡村文化振兴不仅聚焦于物质基础设施的完善，更重视精神文化层面的培育与提升。借助多元化的文化活动和多样化的文化教育形式，可以显著提升乡村居民的文化素养与审美水平，激发他们的文化自信与文化自豪感。与此同时，一个积极向上的文化氛围还能促进乡村社会的和谐与稳定，提高乡村的整体文明程度，从而为乡村振兴战略的深入实施提供思想支撑与精神激励。

（六）推进公共文化服务供给

乡村文化振兴在促进社会组织参与农村公共文化服务供给方面发挥着积极作

用。通过鼓励社会组织参与乡村文化建设，可以促进城市文化渗透至乡村地区，从而丰富乡村居民的精神世界。与此同时，乡村文化所独有的魅力也能吸引城市居民前来体验与消费，进一步促进城乡间的经济互动与资源共享，推动城乡实现更加协调、均衡的发展。

（七）增强国家文化软实力

在经济全球化背景下，文化软实力已成为国家竞争力的重要组成部分。乡村文化振兴对于提升我国的文化软实力具有关键作用。通过深度挖掘和展示乡村地区独有的文化资源，我们能够向国际社会展现中国特色社会主义文化的丰富性与包容性，从而增强国家的文化影响力和国际吸引力。这一过程同时也有助于增强国民对本土文化的认同感，同时也为国家的繁荣与进步注入强大动力。

（八）引领乡村治理体系和治理能力现代化

乡村文化振兴也是推动乡村治理体系和治理能力现代化的重要路径。加强乡村文化建设能够培育农民的民主法治观念、自治精神及参与热情，提升其自我管理与自我服务的能力。这有助于构建一个更加健全、更贴近乡村实际的治理架构，促进乡村社会既充满活力又保持稳定有序，为乡村的长远发展奠定坚实的基础。

（九）增强文化自信，增进国家认同

在经济全球化时代，文化自信已成为衡量国家软实力的重要标尺。乡村文化振兴战略通过深入挖掘和展示乡村文化的独特韵味与魅力，使民众更加深刻地领悟到中华文化的深厚底蕴与悠久历史，进而增强文化自信，增进国家认同。这种深植于心的自信与认同，将成为激发民众爱国热情与民族自豪感的强大动力，为国家的繁荣昌盛注入源源不断的正能量。

党的二十届三中全会强调了文化自信和文化发展的重要性，明确指出乡村文化在乡村振兴中的角色。实现乡村文化振兴不仅是文化发展的成果，也代表着中国亿万农民在文化精神上的胜利。稳步有序地推动乡村文化振兴，首先必须在党和政府的坚强领导下，通过科学的决策来领航。另外，还需要坚持"共建共享"的理念，充分发挥广大人民群众"当事人"的作用，大力凝聚全社会振兴乡村的强大合力，提高市场和社会的参与度。从这个意义上说，将扎根一线基层的各类社会组织的作用充分发挥出来、动能充分激发出来，把现代乡村社会治理体系建立健全起来，共同谱写新时代乡村文化振兴新篇章，显得尤为重要。

第二节　乡村文化振兴中的社会组织：
内涵、理论与价值

一、社会组织的拓展性内涵

社会组织是一个具有特定含义和范围的概念，其定义可以从广义和狭义两个角度进行理解。

从广义上来说，社会组织是指为了实现特定的目标，按照一定的宗旨、制度、系统建立起来的共同活动集体。广义的社会组织包括各类国家机关、政党、政府组织以及大量的非政府组织，如企业、学校、医院、社会团体和科研单位等。它们都是社会的有机组成部分，承担着各自特定的社会职能，并具有相对稳定的组织结构。

从狭义上来说，社会组织则专指由自然人、法人或其他组织自愿组成，旨在满足社会需要，按照其章程开展活动的非营利性法人组织。这类组织主要在社会服务领域中发挥重要作用，它们既不是政府机构，也不属于以营利为目的的企业，而是介于两者之间的社会力量。它们通常以提供各种社会服务为主要宗旨，包括教育、科技、文化、卫生、体育、环保等领域。这些组织往往由民间自发成立，具有一定的自治性，同时也可能接受政府的指导和资助。政府通过购买服务、提供资金支持等方式，积极培育和发展社会组织，以更好地满足人民群众日益多样化的服务需求。

总的来说，社会组织是社会发展的重要力量，它们在提供社会服务、推动社会进步、促进经济发展等方面发挥着不可替代的作用。

本书中的社会组织是指在农村社会中从事经济、政治、文化和其他社会活动的人们，依据一定的目的和规则，按一定的程序和结构结合而成的社会共同体。这些组织既包含乡村社会中的各类组织，通常由农民、乡村精英、社会团体等多元主体构成，也包含来自城市的、在乡村地区活动的社会组织（如红白理事会、老年人协会、社工组织、志愿者组织、三下乡服务队、乡村振兴服务队、非遗文化及红色基因传承队伍、庄户剧团、文艺团体等）。这些组织旨在通过集体行动实现共同利益，促进乡村社会的和谐发展。

二、社会组织的相关研究理论

研究社会组织涉及的相关理论较多，包括组织本质的视角、组织生成与发展的视角、组织间关系的视角和组织治理与运作的视角①。本书着重从组织治理与运作的视角出发，主要涵盖以下几种理论。

（一）利益相关者理论

1. 定义

利益相关者理论认为，社会组织的利益相关者是指那些能够影响或受到非营利组织或整个部门的活动影响的个人、团体、社区、政府部门等。利益相关者对社会组织的长期发展起着至关重要的作用，其利益和观点在组织决策中占有重要地位。

2. 理论框架

利益相关者理论由爱德华·弗里曼（Edward Freeman）在1984年提出。他将利益相关者定义为对组织决策或活动结果有直接或间接利害关系的个人或团体。他认为，组织的管理者对一系列利益相关者负有义务，组织的发展可能受到管理多样化利益相关者关系的方式的影响。

3. 利益相关者的分类

根据对组织影响力的大小，利益相关者可以被划分为主要利益相关者和次要利益相关者。主要利益相关者通常具有较高的权力，对组织的经营活动和决策具有重要影响。次要利益相关者则对组织的影响力较小，典型的次要利益相关者包括一般公众、媒体、非政府组织等。

4. 在社会组织治理中的应用

社会组织的有效治理与利益相关者的期望密切相关。研究表明，当社会组织能够调整利益相关者对良好治理的期望时，它们被感知为有效的可能性会增加。社会组织需要综合考虑政府、受益人、私人捐助者、董事会成员、管理层、志愿者和非管理人员等关键利益相关者的需求和目标，并通过合理的沟通与协调来平衡不同群体的利益。

5. 复杂性和挑战

社会组织在管理利益相关者关系时面临复杂性和挑战。不同的利益相关者群

① 张冉. 非营利组织管理［M］. 北京：北京大学出版社，2014：11.

27

体可能有不同的需求和目标，这可能导致冲突。此外，对某一利益相关者群体的响应可能会对其他利益相关者产生不可预见的负面影响。

社会组织的利益相关者理论强调了在组织治理中考虑和平衡多方利益的重要性，这对于社会组织的效能和公信力至关重要。

（二）委托—代理理论

社会组织研究中的委托—代理理论主要涉及社会组织的委托人（如董事会、捐赠者或社会公众）与代理人（如组织的管理层或员工）之间的关系。委托—代理理论概述了如何在社会组织管理中处理委托人与代理人之间的职责分配与互动关系。

1. 理论意义

委托—代理理论在社会组织中具有重要的意义，它能帮助理解和解决委托人与代理人之间的潜在利益冲突。在社会组织中，委托人可能包括资助者、志愿者或受益人，而代理人可能是组织的管理人员或执行人员。该理论旨在研究激励的影响因素，设计最优激励机制，以确保代理人的行为与委托人的目标一致。

2. 实际运用

在社会组织中，委托—代理理论的实际运用包括财务计划、财务控制和筹资决策等。例如，在财务计划方面，代理人（如组织的财务经理）负责预算编制，而委托人（如董事会）则依据会计信息系统的资料对代理人的业绩进行评价。在财务控制方面，差异分析调查和业绩评价是委托—代理理论应用比较成熟的领域，能帮助委托人评估代理人的业绩，委托人可以据此对代理人进行合理评价和奖惩。

3. 信息不对称

委托—代理理论强调了社会组织中存在的信息不对称问题，即代理人通常拥有比委托人更多的信息。这种信息不对称可能导致代理人优先追求个人利益而非委托人的利益，从而引发道德风险和逆向选择问题。因此，社会组织需要建立有效的监督和激励机制，以减少信息不对称带来的负面影响。

4. 激励与约束机制

为了确保代理人的行为与委托人的目标一致，社会组织需要设计激励和约束机制。这可能包括绩效评估、薪酬激励计划以及透明度和问责制度。通过这些机制，委托人可以有效引导代理人朝着符合组织使命和目标的方向行动。

5. 监督模型

在社会组织中，监督是解决委托—代理问题的关键。委托人需要选择合适的监督力度，以确保代理人的行为符合组织的利益。这涉及监督成本与收益的平衡，以及如何通过监督来降低代理成本。

6. 动态模型

委托—代理理论也被扩展应用到动态模型中，探讨在长期关系中如何通过时间因素来解决代理问题，以及如何通过动态合同来激励代理人持续保持与组织目标一致的行为。

7. 代理危机

在社会组织中，代理危机严重威胁着组织的发展。因此，深入了解并应对委托人与代理人之间存在的各类问题，是社会组织管理中的重要任务。

综上所述，委托—代理理论为社会组织提供了一个分析和解决委托人与代理人之间潜在冲突的框架，并指导如何设计有效的激励和监督机制，以提高组织的工作效率和效果。

（三）资源依赖理论

资源依赖理论是组织理论中的一个重要流派，它主要关注组织如何通过获取环境中的资源来维持生存，以及组织与环境之间的依赖关系如何影响组织的决策和行为。以下是资源依赖理论在社会组织领域的主要观点及其应用。

1. 核心思想

资源依赖理论认为，组织必须从环境中获取资源以维持生存和发展。因此，组织对外部环境存在依赖性。这种依赖性使得组织必须与环境中的其他组织互动，以获取所需的资源。

2. 组织与环境的互动

组织需要与环境互动，以减少对外部资源的依赖和不确定性。组织可以通过合并、合资企业、董事会、政治行为等策略来管理外部依赖关系。

3. 权力与依赖关系

资源依赖理论强调，权力是理解组织内部行为和组织间行为的重要变量。组织内部和组织间的权力分配受到外部资源依赖关系的影响。

4. 组织行为的影响

环境以及组织的社会情境对理解组织作出的决策具有重要的影响，包括人事招聘、董事会构成、战略联盟及兼并对象的寻求等。

5. 组织的主动性

尽管组织受到环境的制约，但组织仍可有所作为，通过各种策略减少对外部环境的依赖，从而获得一定程度的自主权。

6. 在社会组织中的应用

在社会组织领域，资源依赖理论被用来分析社会组织如何通过获取资源来维持运营，以及它们如何与政府、市场和其他社会组织互动以获取资源。

7. 社会组织与政府的依赖关系

社会组织在提供公共服务、整合资源等方面具有优势，但同时也依赖于政府的财政和物质支持。这种依赖关系可能导致社会组织在运作中面临困境，需要通过策略性行为来减少对政府的依赖。

8. 社会组织参与基层应急管理

资源依赖理论也被应用于分析社会组织在基层应急管理中的作用和面临的困境。社会组织在疫情防控等紧急情况下，需要与政府、社区和居民建立资源依赖关系，共同实现治理目标。

资源依赖理论为理解社会组织如何与外部环境互动提供了一个有力的分析框架，特别是在资源获取、权力分配和组织行为方面。通过应用这一理论，可以更好地理解社会组织在社会治理中扮演的角色和面临的挑战。

（四）志愿失灵理论

社会组织，又称为志愿者组织。美国学者萨拉蒙（Salamon）于1995年提出了志愿失灵理论。在他看来，在现实社会治理体系中，不仅存在着市场失灵、政府失灵，也存在着非营利组织的志愿失灵。志愿失灵，又称"慈善失灵"，是指非营利组织偏离了社会公益的宗旨，片面地以功利主义为趋向的信念和行为给消费者、社会、生态环境带来负面影响。韦斯布罗德（Weisbrod）的政府失灵理论与汉斯曼（Hansmann）的合约失灵理论，强调了非营利组织对政府的替代性以及与营利组织的区别，批评了政府部门和市场部门在提供公共产品和服务过程中存在的局限性，然而却未指出非营利组织自身的缺陷。萨拉蒙认为，非营利组织的慈善失灵主要表现在慈善供给不足、慈善的业余主义、慈善的家长式作风三个方面，其中慈善供给不足是最突出的表现，即公益活动所需的开支与能募集到的资金之间存在巨大缺口。

1. 慈善供给不足

慈善供给不足的原因主要包括两方面。一方面，公共物品供给中普遍存在"搭便车"问题，即更多的人倾向于不花成本享受他人提供的福利，而缺乏动力为他人提供福利。因此，能够提供的服务肯定低于社会最优水平。另一方面，慈善资金来源容易受到经济波动的影响。一旦发生经济危机，许多有爱心的人可能连自己的生计都难以维持，更谈不上帮助他人。因此，只有建立在强制性税收基础上的资源供给才能提供足够稳定的资源。

2. 慈善的业余主义

根据社会学和心理学的有关理论，对于穷人、残障人士、未婚母亲等特殊人群的照顾是需要受过训练的专业人员开展的。然而，志愿组织往往由于资金的限制，难以提供足够的报酬以吸引专业人员的加入。这些工作只能由具有爱心的业余人员来做，从而影响了服务质量。

3. 慈善的家长式作风

私人慈善是志愿部门获得资源的主要途径，那些控制着慈善资源的人往往根据自己的偏好而不是社区的需求决定提供什么样的服务。因此，他们通常提供较多富人喜爱的服务，而穷人真正需要的服务却供给不足。

在描述当代非营利组织失灵现状的同时，萨拉蒙指出，非营利组织将面临三大危机。第一，财政危机。一方面，政府无法为所有的非营利组织提供财政支持；另一方面，仅靠传统的私人募捐越来越难以支撑组织运营。第二，经济危机。由于政府的放权，营利部门越来越多地加入非营利组织的传统活动领域中来，如教育、医疗、救济等，这让非营利组织的运行雪上加霜。第三，信任危机。腐败丑闻的曝光使非营利组织的公益形象也面临丧失的危险。例如，"非营利性"名不符实、行政费用过高等。美国非营利组织管理专家里贾纳·E.赫茨琳杰（Regina E. Herzlinger）认为，非营利组织失灵可以分为四类：第一，低成效，即组织不能完成其使命；第二，低效率，即支出与收到的成效不成比例；第三，中饱私囊，即掌管组织的个人通过领取高薪等手段为自己牟取过多的利益；第四，责任机制的缺乏导致组织高风险运作。

在我国社会组织快速发展的背景下，少数组织在发展过程中也出现了一些志愿失灵现象，如由排他性的限制竞争行为和不正当行为导致的低效率。

三、社会组织在乡村社会中的作用

作为乡村社会发展的重要力量，社会组织在推动农村经济、文化、社会等各方面的进步中发挥着不可或缺的作用。具体而言主要包括以下几个方面。

（一）延伸、补充和深化村民自治制度

通过参与乡村治理和公共服务提供，社会组织成为村民自治的重要补充和延伸，有助于推动乡村治理体系和治理能力现代化。社会组织在乡村治理中发挥着重要作用。它们可以协助政府完善乡村治理体系，实现乡村社会的公平、公正和有效管理。社会组织通过组织农民参与农村经济、社会事务的管理与决策，能够激发农民的主体意识和创造力，增强农村的凝聚力和发展动力。同时，社会组织还可以帮助农民解决实际问题，促进农民利益诉求的合理化表达，为农村可持续发展提供良好的组织和协调平台。

（二）助力乡村人才培养

社会服务机构可以利用自己的专业优势，参与并融入乡村社会工作和志愿服务平台的搭建与运营，助推法律服务、社工服务、志愿服务、技改服务等多种人才扎根乡村、赋能乡村。基金会和科技类、学术类社会组织则可以借助自己的资金优势、技术优势，支持农技培训、返乡创业就业培训和职业技能培训，助力高素质农民、农村实用人才和创新创业带头人的有效培育。

（三）助力乡村生态保护

社会组织是乡村生态保护和绿色发展的新生力量。很多社会组织为绿色生产、绿色生活、绿色消费行动提供组织和资金支持，推广节水、节肥、节药、节能的农业生产模式。特别是某些环保类组织还通过宣传环境保护理念和政策、监督污染行为、开展环保公益诉讼，构建共建共管共享的生态保护机制，为农村地区的生产发展、生活富裕和生态良好注入新动能。

（四）推进城乡基本公共服务均等化

城乡融合发展需要提升乡村基本公共服务水平，推进城乡基本公共服务的均等化。社会组织能够整合和利用各类资源，为村民提供更加精准、高效的公共服务，满足村民的多样化需求。社会组织在关爱农村弱势群体方面（如心理调适、资源链接、社会融入、生活护理、能力提升等）更具效率。通过健全政府购买服务机制、财政奖补机制等，社会组织能够更有效、更节能地向乡村提供服务。同

时，通过培育乡村社会组织，可以为互助养老、互助救济和互助合作等提供稳定的组织载体。

（五）提高农村资源配置效率

通过组织化运作和市场化运作相结合的方式，社会组织能够提高农村资源配置效率，推动农村经济发展和农民增收。例如，农村供销合作社、行业协会等，可以利用自身的行业影响力，为乡村发展汇聚资源。它们可以推动会员单位在农民专业合作社和家庭农场的融资、技术提升、销售等方面开展对口帮扶服务，助力农民共享全产业链增值收益。同时，社会组织还可以推动其会员单位在农村打造特色产业，提高农业产业的发展质量、效益和竞争力，推动农业产业的转型升级和高质量发展。

（六）助力乡村整体振兴

在乡村振兴战略中，乡村社会组织发挥着重要作用。它们不仅参与乡村产业振兴、人才振兴、文化振兴、生态振兴和组织振兴，还通过提供各类服务、组织各类活动等方式激发乡村社会活力。例如，一些民间文艺家协会组织的"农民丰收节"采风活动，通过文艺表演、果蔬采摘、诗歌创作等形式，挖掘和传承了乡村文化，增强了乡村文化的凝聚力和影响力。

随着乡村振兴战略的持续推进，社会组织在其中扮演的角色愈发关键。它们不仅是乡村振兴不可或缺的积极参与者和有力推动者，还肩负着搭建政府、市场与农民之间沟通桥梁的重任。凭借自身的独特优势和积极作用，乡村社会组织能够有效地促进乡村产业繁荣、生态宜居、乡风文明、治理完善以及农民生活富裕。因此，社会各界应当加大对乡村社会组织的扶持力度，并为其提供正确的引导，以确保其能够稳健有序地发展，从而为乡村振兴事业注入更多活力。

四、社会组织在乡村文化振兴中的角色与功能

作为乡村振兴战略中的重要参与者和建设性力量，[1]社会组织已通过提供多样化的服务，促进解决了农村农民的多维度需求。[2]近年来，各地正在依据本地实际情况制定和发布动员社会组织参与乡村振兴工作的方案、行动等，旨在促进

---

① 吴磊，冷玉．社会组织参与乡村振兴效果的影响因素及推进路径研究：基于扎根理论的探索［J］．乡村振兴研究，2022（2）：3-15，217-218.
② 王东，王木森．新时代乡村振兴战略实施的共享理路［J］．西北农林科技大学学报（社会科学版），2019，19（3）：1-9.

社会组织助力巩固拓展脱贫攻坚成果同乡村振兴有效衔接。①

具体到乡村文化振兴中，社会组织可以充当乡村文化的传播者，围绕乡村景观文化、民俗文化、历史文化等开展推介活动，吸引城市人去体验和消费，培育品牌，拉长产业链，助推乡村旅游；可以充当乡村文化的资源链接者，在农村社区书屋、阅报栏、文化长廊、文化墙、电影院、灯光秀等项目社会化管理运营方面牵线搭桥，带动乡村文化活动阵地提档升级；还可以充当城市和乡村公共服务一体化的推动者，组织城市社区文化资源，采取对口联系方式，提升乡村文化服务标准化水平，不断缩小城乡间的文化供给差距。

（一）社会组织能够丰富乡村文化振兴供给主体

随着民众物质生活质量的不断提升，人们对精神文化的需求也更加多元化、个性化。当前的现实是，受限于资源数量质量、分配机制、服务能力及现实利益等因素，政府特别是基层政府在这方面常感到"心有余而力不足"，这就导致了乡村公共文化服务供给短缺，在供和需上出现错节、断链等一系列问题。在这一方面，社会组织"近水楼台先得月"，地理、心理等方面接近以及灵活运作的优势让它们可以充分介入，对政府主导的服务模式形成有效的补充，为服务供给的全面性、多元化、个性化开辟更多路径。相较于政府，社会组织凭借其高度的针对性、精准化，能够紧密结合当地乡村的文化底蕴、实际情况及村民的喜好，提供更加贴合实际、丰富多彩的文化产品和服务。

社会组织可以主导构建乡村文化视频直播平台。社会组织能够创新数字文化服务的传播渠道，利用新兴传播媒介，推动乡村文化和电商发展的深度融合，如推出农家乐、传统节日、风俗习惯、时鲜菜品、文化旅游等体现乡村特色文化的短视频。社会组织可以建设线上线下结合的文化交流平台。通过组织乡土文化项目进城、城市文化产业下乡活动，吸引广大居民参与互动，深化城乡文化交流与合作。例如，通过联合举办文艺节目、建设数字图书馆、推广网络电影等方式，将大众文化传播到更广泛的群体中。社会组织还可以建设文化骨干培训平台，借力城市公共培训资源，针对乡村文艺骨干的实际需求和期盼，制订有针对性的培训计划，快速提高文艺骨干的表演水平和示范能力。具体措施包括参观学习、教授舞蹈编排、文艺演出组织、健身操等基础知识。

---

① 张浩然，韩萧纹. 社会组织参与乡村振兴的策略与成效：以广西马海村共富乡村建设项目为例［J］.
学会，2024（6）：24-30.

此外，村民作为乡村文化的直接受益群体，对自身所需及所向往的文化活动有着直观的感受。社会组织为村民搭建了一个能够随时表达个人意愿的便捷的平台。一方面，村民可以直接向社会组织吐露心声，将对文化设施和文化项目的意见和建议即时反馈给相关责任方；另一方面，村民也有机会选择加入合适的社会组织，亲身参与到乡村文化振兴的各项活动中，成为推动乡村文化繁荣的积极力量。

（二）社会组织在弥补乡村文化振兴资金不足方面具有重要作用

乡村文化建设相对滞后的核心原因在于乡村物质基础薄弱以及文化建设专项资金严重不足。近年来，尽管各级政府在财政支持和政策制定上已向乡村文化建设倾斜，但由于中国乡村地域辽阔、人口众多，且文化基础较为薄弱，即便各级政府投入了大量资源，乡村文化振兴的步伐仍然显得缓慢而艰难。在部分乡村地区，文化产品稀缺、文化设施建设滞后、文化遗产保护不力等问题依然未能得到有效解决。

社会组织因其非营利性质，其资金不用于成员分配，而是专注于组织的发展与活动实施，这确保了社会组织能够为村民提供更加经济实惠、质量优良的文化产品和服务，有效减轻了村镇的经济压力，使文化成为村民触手可及的需求。同时，社会组织的公益特征使其成为汇聚社会资金的媒介，吸引了众多有志于乡村文化振兴以及怀揣公益之心的人士，他们通过社会组织找到了可靠的捐助渠道，将资金投入乡村文化建设之中。

（三）社会组织能够优化乡村文化振兴治理体系

推动乡村文化振兴的主体呈现出多元化的特点，这需要基层党组织、基层政府、市场力量、社会组织以及村民的紧密协作，共同构建一个职责清晰、体系健全的治理格局。社会组织的特性决定了它能够在政府、市场与村民之间扮演桥梁、协调者和沟通者的角色，进而提升各参与主体的治理效能，优化乡村文化治理体系，营造共建共享的乡村文化振兴氛围。

在传统的乡村文化建设模式下，政府常处于主导地位，而村民则处于被动参与状态。这种单一且效率不高的建设方式限制了乡村文化的多样性和活力。从内容层面讲，政府往往难以跳出任务导向的框架，难以提供丰富多样的文化活动；从执行层面看，村民的消极配合大大拖慢了文化振兴的步伐。然而，社会组织的参与打破了这一僵局。许多源自农村且具有传承性质的社会组织，其成员正是村民自身，它们以服务村民为宗旨，促使村民转变为乡村文化活动的策划者、组织者和实践者。这种身份的转变使村民对乡村文化振兴的重要性有了更深刻的认识，激发了他们参与文化建设的热情，使乡村文化振兴的理念深深植根于村民心中，从而在乡村营造出一种尊重科学文化、崇尚知识文化的积极氛围。

综上所述，社会组织在乡村文化振兴这个大舞台上可以充分发挥其优势，唱出洪亮动听的乡村振兴的时代新曲。

第三章　社会组织参与乡村文化振兴的实践现状

第一节　社会组织参与乡村文化振兴的基本现状

一、社会组织参与乡村文化振兴供给主体多元协同

社会组织作为农村公共文化服务的供给主体之一，可以通过政府购买、直接投资、委托承办、项目创投与外包等方式，参与乡村文化振兴公共服务供给，实现协同治理。

本书课题组就乡村文化振兴活动开展的状况，于2020—2022年调研了鲁东地区的荣成、鲁南地区的临沂、鲁中地区的泰安、省会济南市市中区和莱芜区，并结合已有文献，了解到山东省近几年文化振兴活动内容丰富，按照大类划分，有输入型文化活动和本土性文化活动。输入性文化活动主要是指政府文化部门和宣传部门统一部署的活动，如文艺下乡、电影下乡等，这些文化活动的实施者多为社会文化组织，如文艺演出团队和电影公司放映队等；本土性文化活动包括非遗保护、农家书屋捐助、老年人文体活动、乡风文明建设（移风易俗）等。除了基层政府倡导的活动，由村委会参与执行、社会组织参与供给的活动也比较多。通过调研，目前山东省参与乡村文化振兴的社会组织运行主体包括各类文艺类团体、文化组织、基金会、残疾人联合会、妇女组织、社会服务机构、志愿者组织、社会企业等。

例如，东营市垦利区通过实施"艺心为民"公共文化志愿服务项目，在区、镇两级建设社会组织培育基地，引导社会文艺力量广泛参与公共文化服务。该项目创新服务模式，构建全新体系，成立了多个志愿服务队和文艺团体，形成了政

府主导、社会力量广泛参与的乡村振兴文化服务新格局。同时，垦利区还打造了两级阵地（线下阵地和线上平台），拓展了公共文化服务供给渠道，实现了城乡文化共分享、社会资源全覆盖。此外，垦利区还注重文化产品的创作和展演，推出了多部具有地域特色的文艺作品和村歌，进一步引领了乡村文化的蓬勃发展。

二、社会组织参与提供的乡村文化服务内容丰富

2007 年以来，为响应山东省政府倡导，各地村委会组织陆续开展"文明村镇""文明一条街""十星级文明户"及和谐家庭等乡风文明系列创建活动。2015年以来，山东省统筹城乡文化设施建设布局和资源配置，重点县级院团基本实现"一团一场（剧场）"，打造了"图书馆＋书院"模式、乡村儒学推进计划、县及县以下历史文化展示工程等文化品牌，并提出了"一村一月一场电影、一村一年一场戏"等文化工程、文体小广场建设标准，以及海疆数字文化长廊、盲人数字图书馆建设、实施文化精准扶贫等惠民文化工程。2018 年以来，山东省实现了全省基层综合性文化服务中心基本全覆盖。山东省充分发挥了民主党派、群团组织、企事业单位、行业协会的作用，引导其投身乡村振兴，营造了大抓乡村振兴的浓厚氛围。同时，山东省还持续深入开展了"民主党派助力乡村振兴县区行"活动，扎实推进了"万企兴万村""百校联百县兴千村"等行动。

社会组织参与的活动包括由市直文化部门组织的文化下乡活动、乡风文明建设（移风易俗）、非遗保护（村史馆展示、乡村记忆）、文艺创作、儒学下乡、农家书屋捐助、就业技能培训等。通过这些活动，社会组织致力于构建乡村公共文化网络平台，为乡村文化人才队伍培养人才，开展社科普及志愿服务行动，加强社科普及教育基地建设，组织社科专家基层行活动。此外，社会组织还积极开发适合中小学生的乡土特色校本课程，旨在增强乡村文化的多样性与可持续性。与此同时，社会组织充分借助讲师团、党校、社科研究单位、宣讲协会的力量，运用各类新闻媒体和文化宣传阵地，积极推动民生政策的宣讲，深入解读宣传强农惠农富农政策，以加强政策知识的普及和乡村民众的受益程度。

根据调查数据（见图 3-1）分析，山东省乡村社区内拥有的公共文体设施中，体育健身器材的比例最高，达到 86.87%，显示出社区居民对健身健康的关注度较高。其次是文化站／文化大院和农家书屋／图书室，比例分别为 78.48% 和75%，说明居民对文化教育设施的需求也较为强烈。相对而言，电子阅览室和村史展馆的比例较低，分别为 31.96% 和 60.92%，需要进一步提升其服务质量和宣传力度。此外，对于其他公共文体设施的需求也有一定的比例。

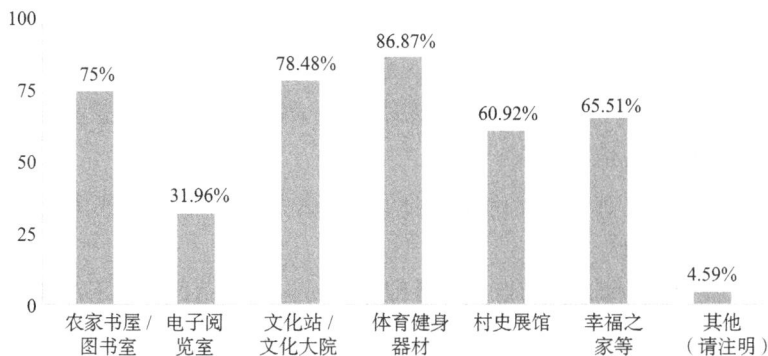

图 3-1　山东省乡村社区主要公共文化活动服务设施的建设情况

在对村民所进行的调研中，村民认为社会组织提供的乡村文化公共服务内容比较丰富，由图 3-2 可以看出，村民印象中提供最多的公共服务包括电影放映（占比为 87.03%）、红白事移风易俗（占比为 82.28%）、送戏下乡（占比为 79.43%）。

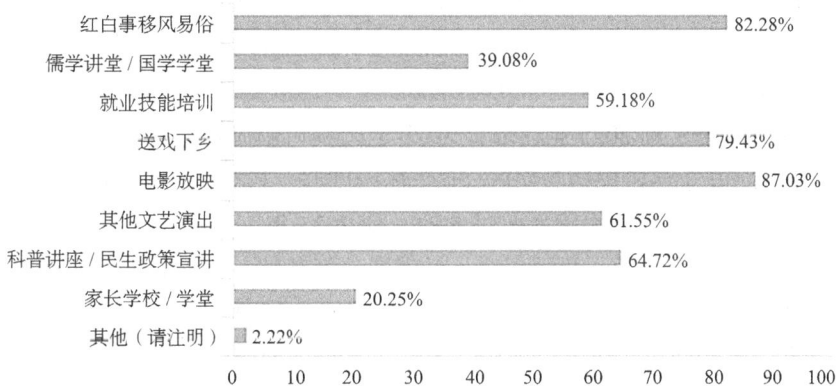

图 3-2　社会组织参与提供的乡村公共文化服务活动内容的分布比例

而通过访谈获得的资料也表明了社会组织所提供的公共文化服务的丰富性。例如，荣成的大庄许家村、留村等，村里的文化设施、文体活动场馆十分齐全，有图书室、电子阅览室、文化站、体育健身器材、广场等，其中很大一部分由村委会及社会组织共同筹办和管理。村里还有丰富的旅游资源，如海草房、村史展馆，同时有手工艺展示，还组织过丰收节等活动。海草房、手工艺可能由外来文化组织或公司管理。村里的广场舞队、锣鼓队、老年人协会、志愿者组织均有活动。社会组织经常举办文化讲堂等各类文化活动，村民也积极参与，形成了浓厚

39

的文化氛围。

"村内开展的活动很多，广场舞、锣鼓队等都会定期培训，有剧团来表演，有剪纸等手工艺讲堂，市文化馆会定期组织活动，村民非常愿意参加。"村委会工作人员在访谈中说道。

而作为网红打卡地的山东淄博则通过村委会与文旅部门协同治理，找到了乡村旅游的流量"密码"。

山东文旅·红叶柿岩旅游区（红叶柿岩乡村振兴示范区）位于淄博市博山区，在此出发30分钟可抵达淄博市张店区，60分钟可至济南，因此这里也被誉为"长在高速公路口的景区"。2023年，济潍高速正式通车，红叶柿岩"借船出海"，火力全开。继春节期间"冰上的铁花"在网上爆火后，红叶柿岩以与文旅局局长在"烧烤专列"推介为起点，打造了柿岩古村"小丽江"、高空迷雾音乐漂流、海贝谷等引人注目的项目，接连推出了凭高铁票免门票、"鲁C您辛苦了"淄博市民周、高考护航周等惠民举措，并迅速走红，实现了引客入淄120万余人次。

在场景时代，产品的流量"密码"是什么？在新文旅时代，文旅发展从风景走向了场景，又从场景走向了情境。文旅发展有三个过渡阶段：第一个过渡阶段，是从旅游目的地向异地生活方式的过渡；第二个过渡阶段，是从纯粹的文旅时代向跨界融合的时代过渡；第三个过渡阶段，是从资本驱动向内容驱动的时代过渡。山东省还提出，到2025年，培育80个全国乡村旅游重点村镇，推出十大乡村休闲度假区、30个旅游民宿集聚区、50个休闲度假乡村和200家休闲度假民宿，基本建成全国知名的乡村休闲度假目的地。到2035年，乡村旅游发展深度融入乡村振兴、生态文明建设、共同富裕、低碳经济等战略，成为拉动区域经济创新发展的强劲动力，擘画出"好客山东　美好乡村"新版图。[①]

无论是"小芳回村·国际时装周"走秀，还是淄博版的《繁花》怀旧剧场唤起情感共鸣，抑或是东西融合——烟火村与魔法城的场景还原，这些场景不仅自带"流量"，更引领了新的文化潮流。通过打造高质量的文化项目，普通百姓得以享受更多的烟火气、更多的乡情、更多的精彩时刻。

三、社会组织参与提供的乡村文化振兴服务形态多样创新

社会组织参与提供的乡村文化振兴服务形态不仅包括社会组织带动村民参与的多种活动，如非遗保护、文体活动、儒学下乡等，还包括乡村数字图书馆、乡村远程教育平台、乡村文化网上展馆等，实现了线上线下共建共享的文化传播模

---

① 戚晨. 突出本土味道 打造"流量"场景［N］. 经济导报，2024-01-22（003）.

式。课题组重点调研的山东省，注重培育文明乡风、良好家风、淳朴民风，通过开展形式多样的文明创建活动，引导农民群众树立正确的价值观念，提升道德水平。同时，山东省加强了乡村公共文化设施建设，如图书室、文化礼堂等，为农民提供丰富的精神文化资源，满足他们对美好生活的向往。乡村文明的建设不仅为乡村文化的繁荣发展奠定了坚实的基础，也为乡村社会的和谐稳定提供了有力保障。

在山东省各地，乡村文化振兴的探索已取得了显著成效。各地紧密结合自身实际情况，开展了一系列富有地方特色的乡村文化活动。潍坊市的风筝节、蔬菜博览会，临沂市的沂蒙精神红色教育基地，青岛市的渔家乐、海洋旅游等，都是乡村文化振兴的生动写照。这些活动不仅展示了齐鲁大地独特的乡村文化魅力，也吸引了大量游客前来参观，有效带动了村域、镇域经济的持续发展。

同时，山东省还积极推动乡村文化"走出去"，通过参与国际文化交流活动、实施"山东手造"工程、举办非遗展览等方式，邀请国内国际媒体、网络名人到相关非遗工作室进行采访和体验，展示了山东乡村文化的独特魅力，提升了山东乡村文化在海内外的影响力。这不仅有助于增进国际社会对山东乡村文化的了解和认识，也提升了当地居民的收入，为山东乡村文化的传承与发展开辟了新的道路。

例如，淄博市沂源县通过"美学＋"模式开启乡村治理新模式，将美学教育与乡村治理相结合，推动乡村文化的全面发展。沂源县通过丰富文化载体、搭建体验平台、开展体验活动等方式，提升乡村居民的审美水平和文明素质。同时，沂源县还注重培养乡村美学带头人，举办各种培训活动，建设美学实践基地，引导群众在实践中认识美、发现美、创造美。此外，沂源县还通过积分制管理、特色议事机构等方式激发群众参与文明创建的积极性，营造了良好的乡村文化氛围。在乡村振兴的大背景下，山东省积极探索乡村文化差异化发展道路，充分挖掘各地独特的文化资源，取得了显著成效。不同的乡村依据自身的历史、地理、民俗等特色，走出了各具特色的文化发展之路，为乡村经济社会发展注入了强大动力。以下为三个典型案例。

1. 潍坊杨家埠村：民俗文化带动产业繁荣

潍坊杨家埠村以木版年画和风筝制作闻名于世。其木版年画历史悠久，工艺精湛，色彩鲜艳，题材丰富，具有浓郁的民间艺术风格。风筝制作更是独具匠心，种类繁多，造型美观，工艺精湛。村庄采取了"文化＋产业"的发展模式，将民俗文化与现代产业相结合。一方面，大力保护和传承木版年画和风筝制作技艺，建立了年画博物馆、风筝博物馆等文化场所，展示传统文化的魅力；另一方面，积极推动文化产业发展，成立了众多年画和风筝制作企业及家庭作坊，形成了集制作、销售、展示、旅游于一体的产业链。

成果展示：

①经济效益显著：杨家埠村的年画和风筝产业年销售额达数亿元，产品远销国内外。村民通过从事相关产业，人均收入大幅提高，生活水平显著改善。许多家庭依靠制作和销售年画、风筝走上了致富道路，村庄里建起了一排排整齐的新房，基础设施也不断完善。

②文化品牌影响力提升：杨家埠的木版年画和风筝成为潍坊乃至山东的文化名片，在国内外享有很高的声誉。每年举办的潍坊国际风筝节吸引了大量国内外游客和客商，极大地提升了杨家埠村的知名度和影响力。同时，通过与现代设计、创意产业相结合，杨家埠村的文化产品不断创新，满足了不同消费者的需求，进一步拓展了市场空间。

③文化传承与人才培养：在产业发展的过程中，杨家埠村注重技艺的传承和人才的培养。村里的老艺人通过带徒授艺等方式，将年画和风筝制作技艺传承给年轻一代。同时，当地政府和企业也积极开展培训活动，提高从业者的技能水平和文化素养。目前，杨家埠村拥有一大批熟练掌握传统技艺的工匠和专业人才，为文化产业的持续发展提供了坚实的人才支撑。

2. 淄博中郝峪村：乡村旅游引领乡村振兴

淄博中郝峪村位于鲁山脚下，自然风光秀丽，生态环境良好。村庄拥有丰富的民俗文化资源，如传统的农耕文化、饮食文化等。中郝峪村以乡村旅游为突破口，创新"公司＋农户"的运营模式，成立了旅游开发公司，负责村庄的旅游规划、项目建设、市场推广等工作。村民以房屋、土地等资产入股，参与旅游开发和经营，实现了资源变资产、资金变股金、农民变股东。公司统一运营管理，打造了一系列特色旅游项目，如农事体验、乡村美食、民宿度假等，吸引了大量游客前来休闲度假。

成果展示：

①经济发展迅速：乡村旅游的发展带动了中郝峪村经济的快速增长。近年来，村庄旅游年收入逐年递增，村民人均收入超过了数万元。旅游产业的发展还带动了周边产业的发展，如农产品销售、手工艺品制作等，形成了多元化的产业

格局。村庄的集体经济不断壮大，为基础设施建设、公共服务提升提供了有力保障。

②乡村面貌焕然一新：随着旅游产业的发展，中郝峪村加大了对基础设施和环境整治的投入。村庄道路宽敞整洁，房屋建筑风格统一且具有乡村特色，绿化美化水平不断提高。同时，完善了旅游配套设施，如游客服务中心、停车场、公共卫生间等，为游客提供了便捷、舒适的旅游环境。村民的生活质量和幸福感大幅提升，村庄呈现出一片繁荣兴旺的景象。

③社区和谐与文化传承："公司＋农户"的运营模式促进了村民之间的合作与团结，增强了社区凝聚力。在旅游开发过程中，中郝峪村注重挖掘和保护当地的民俗文化，将传统农耕文化、饮食文化等融入旅游项目中，让游客在体验乡村生活的同时，感受传统文化的魅力。通过举办各类民俗文化活动，如民俗节庆、传统技艺表演等，不仅丰富了游客的旅游体验，也促进了民俗文化的传承和发展。

3. 临沂竹泉村：生态文化与乡村建设融合发展

临沂竹泉村拥有独特的生态资源，村内竹林茂密，泉水潺潺，自然风光优美，生态环境宜人。村庄充分挖掘生态文化内涵，以"竹"和"泉"为主题，打造了具有浓郁地方特色的乡村旅游品牌。竹泉村坚持生态优先、绿色发展的理念，在乡村建设中注重保护生态环境，保留了村庄的原始风貌和传统建筑。同时，加强基础设施建设，完善旅游服务功能，打造了竹泉景观区、休闲娱乐区、民宿度假区等多个功能区，为游客提供了全方位的旅游体验。

成果展示：

①生态与经济双赢：良好的生态环境吸引了大量游客前来观光旅游，竹泉村的旅游收入逐年增长。同时，生态农业、生态养殖等产业也得到了发展，如有机蔬菜种植、竹林鸡养殖等，产品深受市场欢迎，实现了生态保护与经济发展的良性互动。村民通过参与旅游经营和相关产业，收入不断增加，生活水平显著提高。

②乡村文化魅力彰显：竹泉村将生态文化与民俗文化相结合，展现了独特的乡村魅力。游客在欣赏自然风光的同时，还可以体验到传统的民俗生活，如住农家屋、吃农家饭、干农家活等。村庄举办的各类民俗文化活动，如竹编技艺展示、泉水文化节等，让游客深入了解了当地的文化内涵，增强了对乡村文化的认同感和喜爱度。

③乡村建设典范：竹泉村的生态文化建设模式为乡村建设提供了有益借鉴。村庄在保护生态环境的基础上，通过合理规划和开发，实现了乡村的可持续发展。其优美的乡村环境、完善的基础设施和丰富的旅游产品，吸引了众多考察团前来参观学习，成为远近闻名的乡村建设典范。

每个乡村都有其独特的历史、地理和民俗文化，这些都是宝贵的财富。山东省这些乡村成功发展的关键在于发挥社会组织的作用，深入挖掘和充分利用本土文化资源，通过对本土文化的深入研究和梳理，找出具有特色和市场潜力的文化元素，加以保护、传承和创新，打造出具有差异化竞争优势的文化产品和产业。

第二节　所调研村庄个案现状

课题组就开展乡村文化振兴活动的状况，于2020—2022年调研了省会济南市市中区和莱芜区、鲁东地区的荣成、鲁南地区的临沂、鲁中地区的泰安，实地走访调研了共20个村庄。以下是对各村庄的乡村文化振兴及社会组织参与公共文化服务状况的如实记录。

一、济南市市中区调研概况

济南市市中区调研地点：十六里河社区的石崮村、石匣村、分水岭村、瓦峪村。

（一）石崮村

1. 总体情况

村里的文化特色资源有"6+1联合体"、农业生态园、庙会，附近有森林公园；公共文体设施有农家书屋、体育健身器材、广场、幼儿园、小学；乡村文化振兴公共服务有红白事移风易俗、电影放映、就业技能培训等。

2. 具体情况

①村内的文化服务设施并不充足，种类较少，场地太小，组织人员、参与人员较少。文化类讲堂有人参加，但兴趣不大；村内中老年人较多，文化程度偏低。

②村民对乡村旅游产业开发的愿望并不迫切，认为"有最好"，对村内事务来源了解不多。

③子女教育方面，村内有幼儿园、小学，比较方便。由于村庄位于济南郊区，更多人选择去济南市内上学。

④村内文化、娱乐资源不多，开展的娱乐活动较少，对组织来源不了解。经常有电影放映，经常去看。对村内的图书室不太了解，不经常去看。广场经常使用，但是面积太小，体育健身器材也较少。如果举办活动也愿意参加。

⑤村民对村容村貌比较满意，希望有更多的活动场所和活动设施。村民自发的活动基本没有。

⑥对移风易俗比较满意，没有大操大办现象，效果很好。

⑦星级文明家庭等活动也愿意参加，但是举办的次数比较少。

⑧在文化振兴政策制定及公共文化服务提供方面，社会组织的参与比较重要，村民处于被动接受的状态，不会主动组织活动。

⑨文艺下乡方面，时常有电影放映，送戏下乡、其他文艺演出都较少，对文艺演出需求不高，也希望有更多的文艺活动。

3. 目前村内面临的问题、困难和村民意愿

活动设施较少，活动场地面积小；相关的文化设施如图书室等，村民对其了解较少；缺乏专业人员和专业组织。希望有就业创业技能培训与指导、广场舞指导、孩子课外辅导、孩子兴趣特长学习班、家长学堂等。

（二）石匣村

1. 总体情况

村内文化设施有图书室、广场、体育健身器材、棋牌室，乡村文化振兴公共服务有红白事移风易俗、就业技能培训、送戏下乡、电影放映、科普讲座/民生政策宣讲等。

2. 具体情况

①村内有庙会、农业生态园，村民对乡村旅游产业开发的愿望不太迫切，不太清楚活动、产业组织来源。

②子女教育方面，子女大多在济南市内，村内不太需要教育服务。有三下乡服务队提供假期学习辅导，孩子都会参加。

③文化娱乐方面，村里有广场舞队，由村委会组织，大部分村民会参加或者围观。如果有更多的活动愿意积极参加。有电影放映，由政府组织，也愿意去看。其他的文化讲堂等也愿意积极参加。

④对村容村貌比较满意，期望有更多的活动场所。广场舞也属于村民自发的活动。

⑤移风易俗方面非常满意，不再大操大办，红白理事会工作效果很好。

⑥星级文明家庭等活动愿意积极参加。

⑦文化振兴方面，社会组织和村民的参与都重要。

⑧村里的图书室、棋牌室经常有村民在，文化讲堂也积极参加，基本有时间就去。

⑨送戏下乡、电影放映等都有，电影放映经常有，主要播放老电影和抗日战争、解放战争等相关题材的电影。

3. 目前村里面临的问题、困难和村民意愿

参与人员比较少，组织人员也少，相关活动种类不多，缺乏专业的组织、指导。希望有种植养殖技术培训、就业创业技能培训与指导、广场舞指导、孩子课外辅导、孩子兴趣特长学习、家长学堂等。

（三）分水岭村

1. 总体情况

村内设施比较齐全，图书室、电子阅览室、文化大院、广场、体育健身器材、村史展馆、幸福之家都有。乡村文化振兴公共服务有红白理事会、就业技能培训、儒学讲堂/国学学堂、电影放映、送戏下乡、科普讲座/民生政策宣讲及其他文艺演出，比较全面。有老年人协会、广场舞队和志愿者组织。

2. 具体情况

①文化设施、文化类讲堂都比较齐全，大部分由村委会提供。

②村内没有特色旅游资源，对乡村旅游产业开发的意愿基本没有。

③子女教育方面，入托、入学都比较方便，由于位于市郊，课外辅导、兴趣特长学习等都可以利用市区资源。

④文化娱乐方面，村内的娱乐活动比较齐全，能满足需求，村民愿意参加相关活动。

⑤对村容村貌十分满意，村民自发的活动较少，村内会组织一些活动。

⑥移风易俗方面十分满意，没有大操大办现象，红白理事会工作效果很好。

⑦参加过星级文明家庭、身边好人榜等活动，村民也愿意参加其他类似活动。

⑧文化振兴方面，社会组织和村民的参与都重要。

⑨村里的图书室、广场等经常去，文化类活动也经常参加，比较满意村内的建设和相关活动。

⑩电影放映、送戏下乡、文艺演出等经常有。

3. 目前村里面临的问题、困难和村民意愿

目前村里面临的问题较少。希望举办更多活动，有更多专业的人才等。

（四）瓦峪村

1. 总体情况

村内设施比较齐全，图书室、电子阅览室、文化大院、广场、体育健身器材、村史展馆、幸福之家都有。乡村文化振兴公共服务有红白理事会、就业技能培训、儒学讲堂/国学学堂、电影放映、送戏下乡、科普讲座/民生政策宣讲及其他文艺演出，比较全面。有老年人协会、广场舞队、锣鼓队、三下乡服务队、志愿者组织等。

2. 具体情况

①文体活动设施、场馆比较齐全，图书室、电子阅览室、文化大院、广场、健身室、体育健身器材等都具备，且经常开放。有三下乡志愿服务队，为孩子提供兴趣特长学习服务。

②有村史展馆和名胜古迹，对乡村旅游产业开发的愿望不太迫切，村史展馆属于村委会管理，对名胜古迹不太了解。

③子女教育方面，由于位于济南城郊，所以会利用济南市内的一些教育资源。有三下乡志愿服务队，孩子都会参加大学生志愿者提供的课后辅导活动。

④文化娱乐方面，村内有广场舞队，村民有时间时会参加或围观，其他的文化活动或文化讲堂也都会参加。

⑤对村容村貌比较满意，村民自发活动很少。

⑥移风易俗方面很满意，没有大操大办现象，红白理事会工作效果较好。

⑦参加过星级文明家庭或者身边好人榜之类的活动，如果有其他类似活动村民也会积极参加。

⑧文化振兴方面，社会组织和村民的参与都重要。

⑨村内的设施设备经常使用，基本有时间就会去，可以自己选择喜欢的项目。

⑩经常有电影放映，电影都是抗战题材。

3. 目前村里面临的问题、困难和村民意愿

缺乏专业人才，设施的档次需要提高，等等。希望多举办一些活动、讲堂等，希望有种植养殖技术培训、就业创业技能培训与指导等。

（五）社会组织参与乡村文化振兴情况小结

1. 文化服务设施方面

四个村内都有广场、图书室、体育健身器材，都有相应的文化类讲堂举办，有过技术培训、民生政策宣讲等活动，但举办次数不多。村民都会积极参加村内活动，对村内组织安排的活动、讲座等参与意愿较高，也希望能够多举办一些活动。另外，大部分村民年龄较高，专业性强的讲座村民较难理解，更希望多一些有关技术和技能等的培训、讲座，比较方便村民学习、操作。

其中，石匣村、瓦峪村有大学生志愿者给村内儿童提供课外辅导和兴趣特长培训。其他文化组织或志愿者组织提供、参与、捐助的活动或讲座较少。

2. 特色旅游资源

在济南调研的几个村里有传统文化、红色文化、古村落等文化旅游资源的不多，规模也不大。古村落保存较少，庙会、节日庆典等举办较少。其中石崮村有旅游资源，并且在联合其他村庄整体发展。

村民对乡村旅游资源开发的兴趣不高，认为与自身关系较小。

3. 子女教育方面

四个村的村民整体年龄偏高，村内儿童较少，对教育需求不高。大部分村内都有幼儿园、小学等，基础教育能够得到保障。由于村庄都位于济南城郊，获取其他教育资源都比较方便，也有志愿者组织到村内提供课外辅导、兴趣特长学习等志愿活动。

4. 文化娱乐方面

大部分村内都开展了广场舞活动，广场舞对场地、设施要求都不高，村民参与比较方便。另外，广场舞能方便村民交流，村民的参与意愿、兴趣很高。广场舞大多由村内妇女主任主导。四个村也都有电影放映、送戏下乡等活动，电影放映时间规律、种类固定，送戏下乡次数较少，时间也不规律。其他的娱乐活动较少，村内组织的活动也很少，而且村内开展活动的条件也不充足。

村民对娱乐活动的参与意愿很高，也愿意多参与，但是村民自发组织的活动极少。

5. 村容村貌及移风易俗方面

村民对村容村貌都很满意，其他的期望不多。移风易俗效果很好，都没有大操大办现象。

6. 政策制定及服务提供

村民普遍认为，在乡村文化振兴政策制定及公共文化服务提供方面，村民和社会组织的参与都很重要，但是村民对文化振兴、社会组织的了解度都不高。

7. 文化服务使用情况

村民对村内广场、体育健身器材、图书室的使用频率较高，对村内器材、图书更新情况都很满意，对讲堂、培训等的活动效果也比较满意。

电影放映质量较高、时间固定，但是电影种类较少，对老年人吸引力较强，但对中青年吸引力较小。送戏下乡次数较少，其他文艺活动次数很少。

8. 建议及困难

目前多数村民认为村内开展活动较少，缺乏专业组织和专业指导，非常希望村内文化活动更加丰富，但是村民对文化振兴了解程度不高，具体建议很少。

9. 访员感受

调研的村庄都在济南城郊，与济南距离很近，而且特色旅游资源很少，规模性的旅游区域很难形成。但是，像石崮村组织的"6+1联合体"等可以继续开发民宿等资源，打造一个周末放松、游玩的区域，方便济南市内的市民利用周末时间出游。同时可以给村民培训相应的技术、技能，也方便村民在农闲时兼职。

二、济南市莱芜区调研情况

本次在莱芜区的调研先后到达了六个村——大王庄镇的独路村、王石门村、大下河村、竹园子村，牛泉镇的庞家庄村，口镇的下水河村。

（一）独路村

独路村的特色文化资源是围绕"唐朝板栗园古树群""廖容标指挥所旧址""林海草原"等品牌打造的文化旅游。

1. 文化设施

农家书屋/图书室、文化大院、体育健身器材、村史展馆、幸福之家、新时代文明实践站等。

其中，村民最感兴趣的三项是文化大院、体育健身器材、农家书屋/图书室。

由上级政府以及本村村委会建立及管理。

2. 文化服务

红白事移风易俗、电影放映、送戏下乡、其他文艺演出、科普／民生政策宣讲等。

其中，村民最感兴趣的三项是送戏下乡、红白事移风易俗、电影放映（抗战科教类）。

电影放映由上级（省）政府统一购买，第三方电影公司提供服务。送戏下乡由上级政府委托购买，第三方剧团提供服务。

红白事移风易俗村里已落实，红白理事会负责宣传、服务，村民满意度较高。

3. 文化资源

（1）资源

规模化农业生态园（桃、杏、生姜、中药材等）。

名胜古迹（唐朝板栗园古树群、齐长城天门关、林海草原等）。

红色旅游（廖容标指挥所旧址）。

（2）开发

独路村与华山林场签订协议，将约365公顷山场用于旅游开发，开发权属于独路村。

4. 子女教育

独路村没有专门的小学，村民的子女上学基本是去镇上，上山下山略微不便。

5. 社会组织

①红白理事会。人员由村委会成员、党员及村民代表组成，负责红白事移风易俗的宣传、管理与监督。资金自筹，没有独立的办公场所，通常以党员活动室、村委会办公室为办公场所。

②妇联。妇联在乡村文化建设中扮演着重要角色，通过举办"出彩人家"等评选活动，以及提供广场舞等文艺指导，赢得了群众的口碑。

（二）王石门村

王石门村的特色文化资源是围绕"天上人家"等品牌打造的文化旅游项目。

1. 文化设施

农家书屋／图书室、文化大院、体育健身器材、幸福之家、文明实践志愿服务站等。

其中，村民最感兴趣的是农家书屋/图书馆、体育健身器材。

由上级政府支持建设，本村村委会负责管理。

2. 文化服务

红白事移风易俗，种植技术培训、就业技能培训，电影放映，送戏下乡，科普/民生政策宣讲，等等。

其中，村民最感兴趣的是电影放映（抗战科教类）、送戏下乡、红白事移风易俗、就业技能培训。

电影放映由上级（省）政府统一购买，第三方电影公司提供服务。送戏下乡由上级政府委托购买，第三方剧团提供服务。

红白事移风易俗村里已落实，红白理事会负责宣传、服务，村民满意度较高。

政策宣讲由村委会负责，主要宣讲对象是党员。

种植技术培训、就业技能培训由上级政府相关部门负责管理。

从村民处了解到，当地还有专门的农家乐培训，由村委会负责。

3. 文化资源

（1）资源

规模化农业生态园（杏、生姜等）。

旅游资源（九天大峡谷、王石门大峡谷、九龙湖、九天湖等），旅游品牌为"天上人家"。

（2）开发

王石门村与旅游公司合作开发旅游资源，打造"天上人家"旅游品牌，配套的还有农家乐。

4. 子女教育

王石门村没有专门的小学，村民的子女上学基本是去镇上。但王石门村在山下镇上有个社区，年轻人大多居住在社区内，子女上学便利。

5. 社会组织

①红白理事会。人员由村委会成员、党员及村民代表组成，负责红白事移风易俗的宣传、管理与监督。资金自筹，没有独立的办公场所，通常以党员活动室、村委会办公室为办公场所。

②妇联。妇联在乡村文化建设中扮演着重要角色，通过举办"出彩人家"等评选活动，以及提供广场舞等文艺指导，赢得了群众的口碑。

（三）大下河村

大下河村也是乡村振兴的典型。

1. 文化设施

农家书屋/图书室、文化大院、体育健身器材、幸福之家、文明实践志愿服务站、村史馆、村民档案管理室等。

其中，村民最感兴趣的是农家书屋/图书馆、体育健身器材、村史展馆。

由上级政府以及本村村委会建立及管理。

此外，还有"拉呱大院"（存放剧团道具的场地）、"骂人台"等当地特色设施。

2. 文化服务

红白事移风易俗、儒学讲堂、就业技能培训、电影放映、送戏下乡、其他文艺演出、科普/民生政策宣讲等。

其中，村民最感兴趣的是送戏下乡、其他文艺演出、电影放映。

电影放映由上级（省）政府统一购买，第三方电影公司提供服务。

送戏下乡由上级政府委托购买，第三方剧团提供服务。

红白事移风易俗村里已落实，红白理事会负责宣传、服务，村民满意度较高。

政策宣讲由村委会负责，主要宣讲对象是党员。

其他文艺演出主要有广场舞（村民自发）等。

3. 文化资源

（1）资源

村史展馆。

名胜古迹。

（2）开发

村史展馆由村委会负责建立。

4. 社会组织

①红白理事会。人员由村委会成员、党员及村民代表组成，负责红白事移风易俗的宣传、管理与监督。资金自筹，没有独立的办公场所，通常以党员活动室、村委会办公室为办公场所。

②妇联。妇联在乡村文化建设中扮演着重要角色，通过举办"出彩人家"等评选活动，以及提供广场舞等文艺指导，赢得了群众的口碑。

③庄户剧团。由业余村民组成，自编自演，外出演出一场收费2000元。本

村内义演，去邻村只要管饭即可。目前缺少专业的舞台演出设施。

（四）竹园子村

竹园子村的特色文化资源是樱桃等果蔬采摘园。

1. 文化设施

农家书屋/图书室、文化大院、体育健身器材、村史展馆、幸福之家、文体活动室、新时代文明实践站等。

其中，村民最感兴趣的三项是文化大院、体育健身器材、农家书屋/图书馆。

由上级政府以及本村村委会建立及管理。

2. 文化服务

红白事移风易俗，种植培训、就业技能培训，送戏下乡，电影放映，其他文艺演出，科普/民生政策宣讲，等等。

其中，村民最感兴趣的三项是送戏下乡、电影放映、其他文艺演出。

电影放映由上级政府统一购买，第三方电影公司提供服务。

送戏下乡由上级政府委托购买，第三方剧团提供服务。

红白事移风易俗村里已落实，红白理事会负责宣传、服务，村民满意度较高。

农业农村局、种子站负责下乡培训种植技术。

3. 文化资源

（1）资源

规模化农业生态园（樱桃等采摘果园）。

节庆赛事。

（2）开发

以村集体承包的方式开发采摘园。

4. 子女教育

竹园子村的在学子女基本上都随父母外出，在家的上学要去镇上的学校。

5. 社会组织

①红白理事会。人员由村委会成员、党员及村民代表组成，负责红白事移风易俗的宣传、管理与监督。资金自筹，没有独立的办公场所，通常以党员活动室、村委办公室为办公场所。

②妇联。妇联在乡村文化建设中扮演着重要角色，通过举办"出彩人家"等

评选活动，以及提供广场舞等文艺指导，赢得了群众的口碑。

③志愿者。有大学生志愿者常来辅导孩子学习。

（五）庞家庄村

庞家庄村的特点是产业融合。产业振兴、文化振兴相互融合、相互促进，打造了"山楂之恋"田园综合体，依托果园以及"乡恋"主题发展农产品加工、工业园、电商等。

1. 文化设施

农家书屋/图书室、文化大院（拉呱大院）、体育健身器材、新时代文明实践站等。

其中，村民最感兴趣的是文化大院、体育健身器材。

由上级政府以及本村村委会建立及管理。

2. 文化服务

红白事移风易俗、电影放映、送戏下乡等。

其中，村民最感兴趣的三项是送戏下乡、红白事移风易俗、电影放映。

电影放映由上级（省）政府统一购买，第三方电影公司提供服务。

送戏下乡由上级政府委托购买，第三方剧团提供服务。

红白事移风易俗村里已落实，红白理事会负责宣传、服务，村民满意度一般。

3. 文化资源

（1）资源

规模化农业生态园（山楂、花椒等）。

山楂之恋田园综合体。

（2）开发

由村民委员会主任开发建立"山楂之恋"品牌企业，将当地的山楂加工成山楂卷、山楂片、山楂干果、山楂酒等进行售卖。为村里部分村民提供就业机会。

核心区占地4500亩，形成了万邦产业园、星火工业园、农产品加工及电商物流园等综合产业集群。

许多村民反映，村里的文化建设偏重形式主义，如体育健身器材安装在距村民居住地较远的地方，书屋、文娱活动中心不经常开放。

4. 子女教育

没有专门的小学，村民的子女上学基本是去镇上，略微不便。

5. 社会组织

①红白理事会。人员由村委会成员、党员及村民代表组成，负责红白事移风易俗的宣传、管理与监督。资金自筹，没有独立的办公场所，通常以党员活动室、村委会办公室为办公场所。

②妇联。妇联在乡村文化建设中扮演着重要角色，通过举办"出彩人家"、四德榜等评选活动，以及提供广场舞等文艺指导，赢得了群众的口碑。

（六）下水河村

下水河村是经济基础雄厚并且注重文化振兴的村。村里文化设施、服务齐全且落实到位。

1. 文化设施

农家书屋/图书室、文化广场、文化长廊、篮球场、体育健身器材、村史展馆、幸福之家（敬老院、青年之家、妇女之家）、幼儿园、文化礼堂/国学学堂、新时代文明实践站等。

其中，村民最感兴趣的三项是体育健身器材、文化大院（广场）、村史展馆。

由上级政府以及本村村委会建立及管理。

农家书屋有固定开放时间和值班人员。

2. 文化服务

红白事移风易俗、就业技能培训、电影放映、送戏下乡、其他文艺演出、科普/民生政策宣讲等。

其中，村民最感兴趣的三项是送戏下乡、红白事移风易俗、电影放映。

电影放映由上级（省）政府统一购买，第三方电影公司提供服务。

送戏下乡由上级政府委托购买，第三方剧团提供服务。

红白事移风易俗村里已落实，红白理事会负责宣传、服务，村民满意度较高。红白理事会有固定成员以及职责，村红白事有固定标准，并有宣传栏公示。

3. 文化资源

（1）资源

村史展馆。

节庆赛事（村里有自己的锣鼓队）。

（2）开发

因经济发展较好，村里的文化设施、服务都比较齐全，文化建设落实较好，村民满意度较高。

4. 子女教育

村里有幼儿园，道路通畅，距离较近，儿童上学较为方便。

5. 社会组织

①红白理事会。有会长及成员共15人，负责红白事移风易俗的宣传、管理与监督。凡村里红白事都以红白理事会的名义办理，有具体标准，且村民的配合度与村民评优、福利挂钩，执行效果较好。

②妇联。妇联在乡村文化建设中扮演着重要角色，举办"出彩人家"等评选活动，提供广场舞、铜锣鼓等文艺指导。

（七）社会组织参与乡村文化振兴情况小结

①在独路村、王石门村、大下河村、庞家庄村，红白理事会、庄户剧团等社会组织参与程度较低，村里的社会组织发育不健全。外来志愿者组织不常见或没有。各项文化设施、文化服务在提供过程中，责任不明，不能具体落实。

②在竹园子村、下水河村，红白理事会等社会组织参与程度较高，并且竹园子村经常有大学生志愿者来辅导小孩，下水河村的红白理事会、农家书屋等都有具体固定的管理人员，标准明确，落实到位。

③还有一个重要特点是妇联在各个村的文化建设中扮演着重要角色。在村里多是老人、妇女的情况下，妇女便成了文化振兴的主力军，妇联负责组织、开展各项评比活动、志愿服务等，如"出彩人家"评选。

三、荣成市调研概况

荣成市的调研选择了四个村——大庄许家村、留村、东墩村、牧云庵村。

（一）大庄许家村

1. 总体情况

村里的文化设施、文体活动场馆十分齐全，有图书室、电子阅览室、文化站、体育健身器材、广场等；经常举办文化类讲堂、文化活动，村民也积极参加。村里广场舞队、锣鼓队、老年人协会、志愿者组织均有。

2. 具体情况

①村内有许家祠堂、海草房、村史展馆，还有手工艺展示，组织过丰收节活动，海草房、手工艺可能由外来文化组织或公司管理。

②子女教育方面，孩子入托入学都比较方便，村民需求不大，课外辅导资源也比较容易获取。

③文化娱乐方面，村内开展的活动很多，广场舞、锣鼓队等都会定期进行培训，有剧团来表演，有剪纸等手工艺讲堂，市文化馆会定期组织活动，村民非常愿意参加，对活动积极性比较高。

④村民对村容村貌非常满意，村内对环境会进行统一的整理、翻修。

⑤移风易俗方面，没有大操大办现象，红白理事会工作效果很好。

⑥村内有身边好人榜的展板和评选活动，村民非常乐意参与类似活动。

⑦在乡村文化振兴方面，认为社会组织和村民的参与都十分重要。

⑧村里的设施设备经常被使用，村民有时间就会去使用，活动场地经常开放，村里或市文化馆会定期组织活动和讲堂，村民参与的积极性很高，非常乐意参加相关活动。

⑨文艺下乡效果很好，电影、戏曲和其他文艺演出都会定期展演，活动次数很多，村民的需求基本能得到满足。

3. 目前村里面临的问题和困难

目前村里面临的问题和困难很少，村民对村内现状非常满意，对各类活动、讲堂的举办也非常满意。

（二）留村

1. 总体情况

村内有图书室、广场、体育健身器材、老年食堂等，老年食堂是村民自发组织、参与的志愿者组织（50多人）。电影放映、送戏下乡、文艺演出等经常举办，文化类讲堂也经常举行，村民参与的积极性比较高。村里还有农业生态园、村史展馆等。

2. 具体情况

①村内有海草房，属于十里长廊的一部分，正在建造旅游景区，对乡村旅游产业开发的愿望比较迫切。村里有庙会等活动。

②子女教育方面，孩子入托、入学比较方便，子女教育需求不高。

③文化娱乐方面，村里有广场舞队、志愿者组织等，文艺演出次数也较多。

④村容村貌方面，村民比较满意，村里正在为旅游开发整改村容，环境比较好。

⑤移风易俗方面，没有大操大办现象，红白理事会工作效果较好。

⑥村里有身边好人榜活动，村民参与度比较高，其他类似的活动村民也愿意积极参加。

⑦乡村文化振兴方面，认为村民和社会组织的参与都重要。

⑧社区的设施设备经常被村民使用，图书室去的次数比较少，村民的文化程度不高，其他的活动、讲堂，村民参与的积极性都比较高。

⑨文艺下乡方面，电影放映、送戏下乡都比较多，也有一些其他活动，村民可以自主选择，参与活动意愿很高。

3. 目前村里面临的问题、困难和村民意愿

目前村里面临的问题和困难较少。希望有更多的专业人才、组织来指导，也希望有更多的活动、讲堂。

（三）东墩村

1. 总体情况

东墩村的设施比较齐全，图书室、文化站、广场、村史展馆、幸福之家等都具备，而且有老年活动中心，村内举行的活动很多，村民积极参与各类活动、讲堂。村内有名人文化资源、旅游资源，旅游产业比较成熟。

2. 具体情况

①村内有谷牧故居和民俗馆，有海草房，旅游资源比较多，由专门的文化组织管理，对乡村旅游产业开发的愿望比较迫切。

②子女教育方面，附近有学校，孩子入托、入学都比较方便，村民对子女教育的需求不大。

③文化娱乐方面，村里举办的活动有很多，村民参与积极性很高，广场舞、锣鼓队、志愿活动等开展得较多。

④对村容村貌非常满意，村内环境很好。

⑤移风易俗方面，没有大操大办现象，红白理事会工作效果很好。

⑥村内有星级文明家庭、身边好人榜等类似活动，村民参加的意愿很强，参与的积极性很高。

⑦乡村文化振兴方面，认为村民和社会组织都重要。

⑧村内的服务设施设备使用次数很多，村民对村内设施比较熟悉，活动、讲堂等村民都积极参加。

⑨文艺下乡方面，电影放映、送戏下乡、文艺演出等活动次数比较多，村内的自发活动也很多，村民十分满意。

3.目前村里面临的问题和困难

目前村内面临的问题和困难很少，村民的满意度很高。

（四）牧云庵村

1.总体情况

村内有广场、体育健身器材、文化站等，有天鹅、海草房等特色资源，有多处写生景观点，是胶东有名的"画村"。

2.具体情况

①村内有海草房，冬季有天鹅过冬，有大批摄影师、画家，游客比较固定。由文化公司或组织进行管理。村民对旅游开发的支持度很高。

②村民擅长剪纸、绘画，邀请全国各地来写生的画家到村里讲学。村里有渔民画展。

③文化娱乐方面，村里有广场舞队、剪纸小组、绘画小组、志愿者组织等，文艺演出次数也较多。

④村容村貌方面，因为是旅游特色村庄，村容村貌有绘画墙等装饰，也有特色民宿，环境比较整洁，村民满意。

⑤移风易俗方面，没有大操大办现象，红白理事会工作效果较好。

⑥村里有身边好人榜活动，村民参加比较积极，其他类似的活动村民也愿意积极参加。

⑦乡村文化振兴方面，认为村民和社会组织的参与都重要。

⑧社区的设施设备经常被村民使用，其他的活动、讲堂，村民参与的积极性都比较高。

⑨文艺下乡方面，电影放映、送戏下乡都比较多，也有一些其他活动，村民可以自主选择，参与活动意愿很高。

（五）社会组织参与乡村文化振兴情况小结

1.文化服务设施

大庄许家村和东墩村文化活动场馆比较齐全，东墩村还有养老中心。留村的活动场地不足，场馆较少，但是有老年食堂，食堂由村内志愿者提供服务。文化讲堂和文化培训活动由市内文化馆提供，种类较多，活动效果很好，村民参与积极性很高。

2. 特色文化旅游资源

大庄许家村有特色海草房，有规划建设，开发了几家民宿，比较吸引游客。留村属于十里长街的一部分，正在打造旅游环境。东墩村有谷牧故居和民俗馆。牧云庵村冬季有天鹅过冬，有大批摄影师、画家，游客比较固定。四个村的旅游都由文化公司或组织进行管理。村民对旅游开发的支持度很高。

3. 子女教育方面

村庄和社区距离学校都比较近，基本能满足教育需求。另外，村内大多为中老年人，年轻人及儿童在村内居住的不多，对村内教育资源需求不大。

4. 文化娱乐方面

村庄和社区内都定期举行活动，电影放映、送戏下乡和其他文艺演出等较多，节目形式比较齐全，村民参与度比较高，大庄许家村和东墩村有广场舞队、锣鼓队，有专业老师或妇女主任等进行指导，剪纸、戏曲等讲堂活动由市文化馆提供，形式比较灵活，时间也可以根据村民的活动时间来定，比较方便村民学习。村民非常愿意参加讲堂、活动，对各种集体活动的积极性非常高。

5. 村容村貌及移风易俗方面

村民对村容村貌非常满意，生活环境较以前有很大提升，活动设施、活动场地等都比较齐全。

移风易俗改造非常迅速，本身习俗不注重大操大办，改造效果很好。

6. 政策制定及服务提供

村民普遍积极参与村内文化建设，也认为村民和社会组织的参与十分重要，会积极参与村内星级文明家庭、好人榜等的评选活动，比较支持村内工作。

服务提供方面，村内会自发组织一些活动以丰富村民生活，市文化馆也会提供讲堂、举办文化活动，庄户剧团等会轮流进村表演。

7. 文化服务使用情况

村民会积极使用村内的活动设施、活动场地，会积极参与村内活动。一方面市内有奖励机制；另一方面村民开始注重自身素质的培养，对参与文化活动非常积极。

8. 建议及困难

市内对文化活动比较注重，各类活动设施建设齐全，村民比较满意现阶段的文化生活。另外，村民会积极参与志愿活动。整体困难较少。

9.访谈员评价

荣成市整体比较富裕，对文化活动支持力度很大；调研的村庄也比较富裕，能够支持自身活动发展；村民也比较富裕，可以投入较多的精力在文化活动中。荣成市文化氛围很好，市民、村民参与活动都比较从容，也比较积极。和其他地方相比，荣成的文化建设水平较高。

图 3-1 为课题组在山东荣成市文化馆调研文化下乡活动时与被访谈对象的合影，图 3-2 为课题组在山东荣成市东墩村调研乡村文化振兴现状时与被访谈对象的合影。

图 3-1　课题组在山东荣成市文化馆调研文化下乡活动时与被访谈对象的合影（林慧玲　摄影）

图 3-2　课题组在山东荣成市东墩村调研乡村文化振兴现状时与被访谈对象的合影

（李玉红　摄影）

四、沂南县岸堤镇调研概况

本次在沂南县的调研先后到达了四个村——岸堤镇的兴旺庄村、小屿庄村、朱家林村、岸堤社区。

（一）兴旺庄村

兴旺庄村的特色文化资源主要是红色纪念馆（村史展馆）等。

1. 文化设施

农家书屋／图书室、电子阅览室、文化大院、体育健身器材、村史展馆、幸福之家、居家养老服务日间照料中心等。

其中，村民最感兴趣的三项是文化大院、体育健身器材、村史展馆。

由上级政府以及本村村委会建立及管理。

2. 文化服务

红白事移风易俗、就业技能培训、儒学讲堂、电影放映、送戏下乡、其他文艺演出、科普／民生政策宣讲等。

其中，村民最感兴趣的三项是送戏下乡、电影放映、其他文艺演出。

电影放映由上级（省）政府统一购买，第三方电影公司提供服务。

送戏下乡由上级政府委托购买，第三方剧团提供服务。

红白事移风易俗村里已落实，红白理事会负责宣传、服务，村民满意度较高。

儒学讲堂虽然有但开展活动较少。

3. 文化资源

（1）资源

村史展馆（结合红色纪念馆）。

名人文化资源。

节庆赛事（七一文艺汇演）。

农业生态园。

（2）开发

镇上提供资金建设村史展馆，具有革命特色。

4. 子女教育

村里没有专门的小学，村民的子女上学基本是去镇上，附近还有一所小学，较为方便。

5. 社会组织

①红白理事会。人员由村委会成员、党员及村民代表组成，负责红白事移风易俗的宣传、管理与监督。资金自筹，没有独立的办公场所，通常以党员活动室、村委会办公室为办公场所。

②妇联。妇联在乡村文化建设中扮演着重要角色，通过举办"出彩人家"等评选活动，以及提供广场舞等文艺指导，赢得了群众的口碑。

③广场舞队。广场舞基本上是所有调研的村共有的文娱活动，在很大程度上，许多村民的文娱活动以跳广场舞或看广场舞为主要内容。镇上的支持、开展的比赛使得广场舞成为人们喜闻乐见的、固定的文娱活动。

另外，沂南慈善总会对于当地乡村文化振兴帮助较大，如给公立幼儿园资助桌椅、图书等。

（二）小屿庄村

小屿庄村的特色文化资源主要是红色纪念馆（村史展馆）和非遗文化等。

1. 文化设施

农家书屋/图书室、电子阅览室、活动中心、文化大院、体育健身器材、村史展馆、扶贫车间等。

其中，村民最感兴趣的三项是活动中心、体育健身器材、文化大院。

由上级政府以及本村村委会建立及管理。

2. 文化服务

红白事移风易俗、就业技能培训、儒学讲堂、电影放映、送戏下乡、其他文艺演出、科普/民生政策宣讲、家长学校等。

其中，村民最感兴趣的三项是电影放映、送戏下乡、其他文艺演出。

电影放映由上级（省）政府统一购买，第三方电影公司提供服务。

送戏下乡由上级政府委托购买，第三方剧团提供服务。

红白事移风易俗村里已落实，红白理事会负责宣传、服务，村民满意度较高。

儒学讲堂虽然有，但开展活动较少。

3. 文化资源

（1）资源

村史展馆（红色革命史纪念馆）。

红色旅游。

节庆赛事。

农业生态园。

非遗文化——舞龙、旱船。

（2）开发（传承保护）

据了解，小屿庄村的舞龙队队员都是一些老人，年轻人很少。村里也没有具体地组织一些年轻人来学习、传承。舞龙技艺的传承主要是村民自发地表演、学习。

4.子女教育

村里没有专门的小学，村民的子女上学基本是去镇上，距离较近，较为方便。

5.社会组织

①红白理事会。人员由村委会成员、党员及村民代表组成，负责红白事移风易俗的宣传、管理与监督。资金自筹，没有独立的办公场所，通常以党员活动室、村委会办公室为办公场所。

②妇联。妇联在乡村文化建设中扮演着重要角色，通常举办"出彩人家"等评选活动，以及提供广场舞等文艺指导，赢得了群众的口碑。

③广场舞队。广场舞队基本上是所有调研的村共有的文娱活动，在很大程度上，许多村民的文娱活动以跳广场舞或看广场舞为主要内容。镇上的支持、开展的比赛使得广场舞成为人们喜闻乐见的、固定的文娱活动。

④舞龙队。村民自发组织的非遗表演舞龙队伍，在一些重大节日时登台演出，也去外村演出。

（三）朱家林村

朱家林是国家级田园综合体示范村，在改造建设过程中，国企乡建公司扮演着重要角色，在村里的文化活动供给方面也发挥了重要作用。

1.文化设施

农家书屋/图书室、村史展馆、创客中心、非遗文化体验馆等。

由乡建公司负责建立及管理。

2.文化服务

红白事移风易俗、就业技能培训、科普/民生政策宣讲等。

红白事移风易俗村里已落实，红白理事会负责宣传、服务，村民满意度较高。

政策宣讲由村委会负责，主要宣讲对象是党员。

3. 文化资源

（1）资源

可开发的古村落。

村史展馆。

节庆赛事（丰收节）。

非遗文化体验馆（布老虎等）。

田园综合体。

（2）开发

上级政府成立乡建公司统一开发管理。

4. 社会组织

①红白理事会。红白理事会负责红白事移风易俗的宣传、管理与监督。

②乡建公司。乡建公司负责村里的各项振兴任务，如开办年会等节庆赛事，也负责村内文化建设。

（四）岸堤社区

1. 文化设施

农家书屋／图书室、电子阅览室、文化大院、体育健身器材、村史展馆、幸福之家等。

其中，村民最感兴趣的三项是文化大院、体育健身器材、农家书屋。

由上级政府以及本村村委会建立及管理。

2. 文化服务

红白事移风易俗、儒学讲堂、就业技能培训、送戏下乡、电影放映、其他文艺演出、科普／民生政策宣讲等。

其中，村民最感兴趣的三项是送戏下乡、电影放映、其他文艺演出。

电影放映由上级政府统一购买，第三方电影公司提供服务。

送戏下乡由上级政府委托购买，第三方剧团提供服务。

红白事移风易俗村里已落实，红白理事会负责宣传、服务，村民满意度较高。

文化活动：19 个村广场舞大赛、丰收节。

3. 文化资源

（1）资源

村史展馆。

红色旅游（山东抗日军政干部学校旧址）。

（2）开发

收集老物件建设村史展馆，村史与红色革命史展览相结合。

党校遗址开发保护较少，有待进一步规划。

4.子女教育

社区位于汶河边，距离镇中心稍远，子女基本上都随父母外出，在家的上学要去镇上学校。

5.社会组织

①红白理事会。人员由村委会成员、党员及村民代表组成，负责红白事移风易俗的宣传、管理与监督。资金自筹，没有独立的办公场所，通常以党员活动室、村委会办公室为办公场所。

②文化振兴服务队。山东省万名干部下基层，10人一队。岸堤镇的小队每个成员都有自己负责的村，利用自身的资源优势与开阔的眼界，帮助村庄实现文化振兴，具体措施如建村史馆等。

③邻里守望志愿服务队、政策法律法规宣讲志愿服务队。各村都有。

（五）社会组织参与乡村文化振兴情况小结

①在岸堤镇，调研的各个村的红白理事会、乡建公司、文化振兴服务队等社会组织参与乡村文化振兴的程度较高，文化活动（广场舞、太极拳、非遗表演）落实到位，但专业指导人才一直比较缺乏，青年后备力量也不足。

②所调研的村庄的农家书屋、电子阅览室、儒学讲堂虽然开设，但活动举办不多；并且受文化程度限制，村民使用较少且对此关心不足。

③朱家林村的田园综合体还在规划建设中，村里的文化设施不足。村民的文化活动主要由乡建公司组织、负责。

④乡村振兴志愿服务队在岸堤镇各个村的文化振兴中起到了较大的作用，通过多途径引资，规划发展，合理配置资源。

图3-3为课题组在山东沂南县调研乡村文化振兴现状时与被访谈对象的合影，图3-4为课题组在山东沂南县调研乡村文化振兴现状时与被访谈对象的合影。

图 3-3　课题组在山东沂南县调研乡村文化振兴现状时与被访谈对象的合影（刘海波　摄影）

图 3-4　课题组在山东沂南县调研乡村文化振兴现状时与被访谈对象的合影（刘海波　摄影）

五、泰安市岱岳区调研概况

在泰安调研了一个村级民办博物馆——泰山乡村文化博物馆，两个村庄，分别是岳庄村和东孙村。

（一）泰山乡村文化博物馆

由村民个人出资创建，占地面积约3000平方米，展示了村庄的红色文化、手工业、传统饮食、关帝庙等方面的内容，形式载体包括陶艺、拓片、石雕、石刻、玉雕等及相关的文创产品。在资金来源上，泰安市岱岳区文化和旅游局支持了 5 万元左右。泰山乡村文化博物馆被评为 3A 级文化旅游景点，根据对创建人和村民的调查，都反映这个博物馆对村民及下一代起到了文化方面的教育作用和带动作用。

（二）岳庄村

岳庄村拥有民间的泰山乡村博物馆，并且注重文化振兴。村里的文化设施、服务齐全且落实到位。

1. 文化设施

农家书屋 / 图书室、文化广场、文化长廊、篮球场、体育健身器材、村史展馆、幸福之家（敬老院、青年之家、妇女之家）、幼儿园、文化礼堂 / 国学学堂、新时代文明实践站等。

其中，村民最感兴趣的三项有体育健身器材、文化广场、村史展馆。

由上级政府以及本村村委会建立及管理。

农家书屋有固定的开放时间和值班人员。

2. 文化服务

红白事移风易俗、就业技能培训、电影放映、送戏下乡、其他文艺演出、科普 / 民生政策宣讲等。

其中，村民最感兴趣的三项有送戏下乡、红白事移风易俗、电影放映。

电影放映由上级（省）政府统一购买，第三方电影公司提供服务。

送戏下乡由上级政府委托购买，第三方剧团提供服务。

红白理事会有固定成员且职责分明，村里的红白事有固定标准，并有宣传栏公示。

3. 文化资源

（1）资源

泰山乡村文化博物馆。

节庆赛事（村里有自己的锣鼓队）。

（2）开发

因经济发展较好，村里的文化设施、服务都比较齐全，文化建设落实较好，还开发了一些文创产品，村民满意度较高。

4. 子女教育

小学在村子周边 1.5 公里处，比较方便；村里有公立幼儿园，道路通畅，距离较近，儿童上学较为方便。

5. 社会组织

①红白理事会。有会长及成员共 15 人，负责红白事移风易俗的宣传、管理与监督。凡村里的红白事都以红白理事会的名义办理，有具体标准，且村民的配合度与村民评优、福利挂钩，执行效果较好。

②妇联。妇联在乡村文化建设中扮演着重要角色，举办"出彩人家"等各项评选活动，以及提供广场舞、铜锣鼓等文艺指导。

（三）东孙村

1. 总体情况

文体活动设施、场馆比较齐全，村内设施比较齐全，图书室、电子阅览室、文化大院、广场、体育健身器材、村史展馆、幸福之家都有，且经常开放。有三下乡志愿服务队，提供孩子兴趣特长学习服务。

2. 具体情况

①有村史展馆和名胜古迹，村民对乡村旅游产业开发的愿望不太迫切，村史展馆属于村委会管理，对名胜古迹不太清楚。

②子女教育方面，有三下乡志愿服务队组织的课后服务，孩子都会参加。

③文化娱乐方面，村内有广场舞队，村民有时间会参加或围观，其他的文化活动或文化讲堂也都会参加。

④村容村貌方面，地处泰安旅游景区，环境优美，有山有水，村民对村容村貌比较满意。

⑤移风易俗方面很满意，没有大操大办现象，红白理事会工作效果较好。

⑥参加过星级文明家庭或者身边好人榜之类的活动，如果有类似活动也会积极参加。

⑦文化服务方面，有就业技能培训、儒学讲堂/国学学堂、电影放映、送戏下乡、科普讲座/民生政策宣讲及其他文艺演出，比较全面。村内的设施设备经常使用，基本有时间就会去，可以选择自己喜欢的项目。

⑧经常有电影放映，电影都是抗战题材。

⑨社会组织有老年人协会、广场舞队、锣鼓队、三下乡志愿服务队、志愿者组织等。

⑩文化振兴方面，社会组织和村民的参与都重要。

3. 目前村里面临的问题、困难和村民意愿

民间的泰山乡村博物馆缺乏资金和后续支持资源；村里的文化振兴项目开展缺乏专业人才的指导，设施的档次需要提高等。希望多举办一些活动、讲堂等，希望有种植养殖培训、就业创业技能培训与指导等。

图 3-5 是课题组在山东泰安市泰山乡村文化博物馆调研时与被访谈对象的合影。

图 3-5　课题组在山东泰安市泰山乡村文化博物馆调研时与被访谈对象的合影（王月瑄　摄影）

第四章　社会组织参与
乡村文化振兴效能

乡村文化振兴战略决策及一系列工作方案的出台，对农村公共文化的供给体制提出了内涵和外延方面的具体要求。结合农村公共文化服务标准化均等化的目标，围绕农村公共文化设施建设、文化队伍培育、文化活动组织、投入保障机制建设等方面，以及乡村文化产品和文化服务丰富繁荣，农村文化人才队伍壮大、乡村文明水平提升、优秀传统农耕文化传承发展成效、新乡贤文化培育等内容，构建社会组织参与乡村文化振兴效能测量指标并研究其实践效能具有重要价值。社会组织在乡村文化振兴公共服务中所进行的资源投入、治理结构优化、服务效率提高、服务能力强化等，以及村民对于社会组织提供的乡村文化公共服务项目知晓度、参与度、满意度等，反映了社会组织提供公共文化服务的实际效能。

第一节　社会组织参与乡村文化振兴
效能指标及解释

一、社会组织参与乡村文化振兴效能指标

社会组织在农村公共文化服务的效能指标体系中扮演着重要角色。根据调查及参考相关理论与实践经验的研究，社会组织参与农村公共文化服务的效能指标体系可从以下几个方面进行构建，见表4-1。

表4-1　社会组织参与农村公共文化服务效能衡量指标

指标大类	指标细分
资源投入	资金、设施、活动、人才投入

（续表）

指标大类	指标细分
治理结构	服务决策、服务提供、监督评估
服务能力	组织治理、资源配置、项目管理、服务可及性、服务创新性
公众参与度	村民参与意愿、需求表达参与（决策、供给）程度；过程反馈参与（文化活动参与频率、深度）、质量评价参与（评估）
公众满意度	整体评价、感知质量（内容、过程、信息、环境等评价）、公众抱怨（不满意）、公众信任（重复使用的概率和比例）、文化获得感、文化幸福感

二、社会组织参与乡村文化振兴效能指标解释

资源投入是动力，治理结构是框架，服务能力是核心，公众参与度和满意度是目标。这些指标体系的良性构建有助于评估和提升社会组织在农村公共文化服务中的效能，促进乡村文化振兴。研究社会组织参与乡村文化振兴的现状和效能，就是以农民公共文化需求为引导方向，分析社会组织在农村公共文化服务供给中扮演的角色及发挥作用的空间。

第二节　社会组织参与乡村文化振兴
效能分析

一、资源投入

社会组织在农村公共文化服务供给中的投入，包括资金、设施、活动和人才等多个方面，这些投入对农村公共文化服务的质量和效果产生了显著的影响。

（一）资金投入

资金投入是保障农村公共文化服务体系顺利运行的必要条件。社会组织通过筹集资金，可以缓解政府在提供农村公共文化服务时的财政压力，为公共文化服务提供更充足的资金保障。这种多元化的资金来源使得农村公共文化服务在资金上更加稳定，从而提升了服务的质量和持续性。例如，所调研的济南市市中区 S 街道附近的村庄，地方政府通过公益创投引入社会资金，支持了多个公共文化服务项目的实施，有效提升了农村公共文化服务的水平。

（二）设施投入

社会组织通过投资修建文化设施，如图书馆、文化广场、乡村书屋等，为农村居民提供了更加丰富的文化活动场所。这些设施不仅丰富了农村居民的精神生活，还提升了他们的文化素养和审美能力。同时，社会组织还会对现有设施进行维护和升级，确保设施的完好和高效运行，从而提升了农村公共文化服务的整体质量。根据了解和调研的情况来看，乡村文化振兴中的设施方面还是比较充裕的，特别是活动设施，作为文体活动的基础条件，各地各村镇都比较重视，就所调查的地区来看，活动设施投入情况如图 4-1 所示。

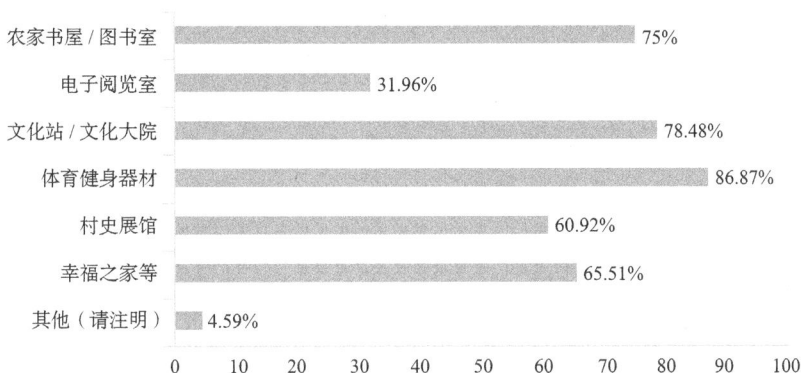

图 4-1　社会组织参与提供的乡村公共文化活动设施投入情况

由上图可见，社会组织参与提供的服务设施，包括农家书屋／图书室、电子阅览室、文化大院／文化站、体育健身器材、村史展馆、幸福之家等，为乡村文化活动提供了充分的活动空间和条件。根据数据分析，社区内拥有的公共文体设施中，体育健身器材的比例最高，达到 86.87%，显示出社区居民对健身健康的关注度较高。其次是文化站／文化大院和农家书屋／图书室，比例分别为 78.48% 和 75%，说明居民对文化教育设施的需求也较为强烈。相对而言，电子阅览室和村史展馆的比例较低，分别为 31.96% 和 60.92%，此外，对于其他公共文体设施的需求也有一定的比例。

（三）活动投入

根据本次调研数据，如图 3-2 所示，在乡村文化振兴公共服务中，社会组织参与红白事移风易俗、送戏下乡和电影放映的比例较高，分别为 82.28%、79.43% 和 87.03%。相比之下，儒学讲堂／国学学堂、家长学校／学堂的参与比例较低，分别为39.08%和20.25%。另外，科普讲座/民生政策宣讲和其他文艺演出的参与比例也较为可观，分别为64.72%和61.55%。社会组织通过举办各种文化活动，如文艺演出、讲座、展览等，丰富了农村居民的文化生活。这些活动不仅满足了农村居民的文化需求，还提升了他们的文化素养和审美能力。同时，社会组织还会根据农村居民的需求和兴趣，定制个性化的文化活动，使得文化活动更加贴近群众，增强了活动的吸引力和参与度。例如，所调研的村庄的红白理事会在操办红白喜事时，坚持节俭、文明的原则，不仅节约了资金，还形成了良好的社会风尚。

（四）人才投入

社会组织通过引进和培养专业人才，提升了农村公共文化服务的人才队伍素质。这些人才不仅具备专业的知识和技能，还了解农村地区的文化背景和现状，能够提供更加符合农村居民需求的文化服务。同时，社会组织还会对人才进行培训和激励，提升他们的工作能力和服务水平，从而进一步提升了农村公共文化服务的质量和效果。例如，在本次调研中，无论是济南，还是临沂、荣成等其他地区，都很重视大学生志愿者、选调生人才的引入，并依靠这些人才实现文化活动的培训和组织管理，效果良好。

综上所述，社会组织通过资金、设施、活动和人才等方面的投入，对农村公共文化服务的质量和效果产生了显著的影响。这些投入不仅提升了农村公共文化服务的整体质量，还丰富了农村居民的文化生活，提升了他们的文化素养和审美能力。未来，随着社会组织在农村公共文化服务中的投入不断增加，农村公共文化服务的质量和效果将会得到进一步提升。

二、治理结构

社会组织参与农村公共文化服务的治理结构，包括服务决策、服务提供和监督评估等环节，对于提升服务的公平性和效率至关重要。

（一）服务决策

社会组织在服务决策中的作用体现在能够代表不同群体的利益参与到农村公共文化服务的规划和决策过程中。例如，济南市莱芜区某乡镇的志愿者组织通过调研了解到农村居民的文化需求，参与制定了文化服务项目，确保服务内容符合当地居民的实际需求。根据村民的具体需求，志愿者组织制定了相应的服务决策，如提供就业创业技能培训与指导、广场舞指导、孩子课外辅导、孩子兴趣特长学习、家长学堂等。

（二）服务提供

社会组织通过提供多样化的文化活动，如文艺演出、电影放映、科普讲座等，丰富农村文化生活。山东省的一些地区通过政府购买服务的方式，鼓励社会组织参与到文化服务的提供中，如滨州市文化馆成立的红色文艺轻骑兵志愿服务小分队，将文化服务送到乡村、学校和养老院，表现出极大的服务可及性。

由图 4-2 和图 4-3 的统计数据，能够直观地看出，对于由社会组织红白理事会提供的红白事新办、移风易俗活动，以及演出团体提供的送戏下乡、文艺演出等活动，村民反馈的提供率是相当高的，分别为 94.35% 和 88.64%，说明这些文化公共服务可及率高，服务效果比较好。

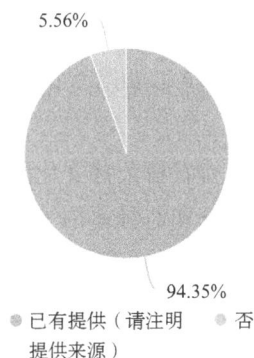

5.56%

94.35%

● 已有提供（请注明　　● 否
　提供来源）

图 4-2　红白事新办、移风易俗是否已被提供

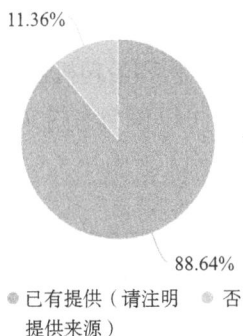

11.36%

88.64%

● 已有提供（请注明　　● 否
　提供来源）

图 4-3　送戏下乡、文艺演出是否已被提供

（三）监督评估

社会组织还可以参与到文化服务的监督和评估中，确保服务质量和效果。通过定期的评估和反馈机制，社会组织能够及时发现服务中的问题，并提出改进建议，促进服务的持续改进和优化。例如，济南市莱芜区大王庄镇几个村庄的妇联在乡村文化建设中扮演着重要角色，通过举办"出彩人家"等评选活动，提供广场舞等文艺指导，进行乡村美德文化建设与评估，赢得了群众的口碑。

社会组织的参与有助于提升服务的公平性，因为它们能够更好地理解和反映农村居民的需求，特别是对于弱势群体，如老年人、儿童和残疾人等。同时，社会组织的灵活性和创新性有助于提高服务的效率，通过更有效的资源配置和服务方式，提升服务的覆盖面和参与度。山东省政府出台了相关政策，鼓励和支持社会组织参与公共文化服务，如《关于更好发挥社会组织作用服务高质量发展助力强省建设的指导意见》，为社会组织参与农村公共文化服务提供了政策依据和支持。山东省在推动城乡文化服务均等化方面取得了一定的成效，如通过建设"公共文化服务城乡均等先行区"，补足了基层文化建设的短板，提升了农村地区的文化服务水平。

综上所述，社会组织在山东省农村公共文化服务的治理结构中扮演着重要角色，通过参与服务决策、提供服务和监督评估等环节，有助于提升服务的公平性和效率。

三、服务能力

社会组织在乡村文化振兴公共服务中的作用是多方面的，包括组织治理、资源配置、项目管理、服务可及性和服务创新性。

（一）组织治理

社会组织通过构建明确的组织结构和治理机制，能够有效地参与乡村文化振兴的决策和管理。例如，社会组织可以参与乡村文化政策的制定、修改和评估，以及乡村文化娱乐设施的建设。

（二）资源配置

社会组织能够灵活地整合和配置资源，以满足乡村文化振兴的需要。社会组织的非营利性和公益性特征使得它们能够汇集社会资金，为乡村文化项目提供支持。

社会组织通过各种渠道筹集资金，包括政府资助、社会捐赠和自身运营收入。例如，山东省的社会组织"乡村振兴 公益课堂"项目组通过筹集资金，为乡村学校提供优质的艺术教育资源。

（三）项目管理

社会组织在乡村文化振兴中扮演着项目的设计、实施和监督角色。它们能够根据乡村的具体需求，制定和执行文化振兴项目。社会组织的专业化和灵活性使得它们在项目管理上具有优势。例如在文化生态保护项目方面，政府部门联合部分学校、学术研究机构等平台，共同进行乡村文化项目的规划和管理，成效显著。

潍坊市地处山东半岛中部，北部沿海地区紧靠黄河入海口，是中华文明重要源头东夷文化的核心区，也是齐文化的发祥地。这里历史悠久，文化底蕴深厚，拥有丰富的非物质文化遗产资源。为了更好地保护和传承这些宝贵的文化遗产，潍坊市获批设立了齐鲁文化（潍坊）生态保护区。

齐鲁文化（潍坊）生态保护区自设立之初，就明确了非遗融入现代生活、非遗融入现代文创产业、非遗融入公共文化服务体系三大建设理念。这三大理念为保护区的整体规划和发展方向提供了明确的指导。为了有效实施三大建设理念，保护区搭建了非遗传承、文化传播、学术研究和市场推广四个保护平台。这些平台相互支撑，共同构成了保护区的核心架构，为非遗项目的保护和传承提供了有力的保障。潍坊市党委、政府高度重视齐鲁文化（潍坊）生态保护区的建设，制定了详细的发展规划和实施方案。这些规划和方案不仅明确了保护区的建设目标、任务和时间表，还细化了各项政策措施和保障措施，确保了规划的可操作性和可实施性。

齐鲁文化（潍坊）生态保护区坚持原生态保护当地的民俗非遗土壤，通过挖掘和整理传统非遗项目，恢复和重建了一批非遗传承基地和展示馆。同时，加强了对非遗传承人的保护和培养，确保非遗技艺得以薪火相传。保护区积极推动非遗项目与现代生活的融合，让非遗技艺走进寻常百姓家。例如，潍坊外国语学校将老猫花灯等非遗项目引入课堂，让学生在学习中感受传统文化的魅力。此外，保护区还通过举办非遗展览、演出等活动，让更多人了解和接触非遗文化。注重将非遗项目与现代文创产业相结合，推动非遗文化的创新发展和市场化运作。例如，潍坊风筝作为当地的特色非遗项目，已经形成了庞大的产业链和市场规模。通过引入现代设计理念和科技手段，潍坊风筝在保持传统特色的同时，不断推出新产品、新款式，满足了现代消费者的需求。保护区将非遗文化纳入公共文化服务体系，通过建设非遗展示馆、传承中心等设施，为公众提供非遗文化的展示、体验和学习机会。同时，保护区还积极与图书馆、博物馆等公共文化机构合作，共同开展非遗文化的传承和推广工作。

潍坊市为了保障齐鲁文化（潍坊）生态保护区的顺利建设和发展，制定了一系列政策文件，如《齐鲁文化（潍坊）生态保护区建设管理办法》，从宏观层面对全市的非遗保护进行规范和指导。通过省市县三级管理机制，形成了市级有综合展示馆、县级有非遗展示馆、乡镇（街道）有综合性传承中心、社区（村）有非遗传承所的四级文化传承体系。这种层级分明、职责明确的管理机制确保了非遗保护和传承工作的有效落实。潍坊市坚持依法保护非遗文化，通过立法手段加强对非遗项目的保护和管理。同时，加强与司法、工商等部门的合作，打击侵犯非遗知识产权的违法行为，维护非遗传承人的合法权益。为了增强保护区规划的可操作性，潍坊市近年来实施了传统工艺振兴、乡村文化传承、校园非遗职业教育和"九千绣花女"培训等四项传承工程。这些工程不仅为非遗项目的保护和传承提供了有力支持，还促进了当地经济社会的全面发展。

经过多年的努力和建设，齐鲁文化（潍坊）生态保护区取得了显著成效。保护区内非遗项目得到了有效保护和传承，非遗文化与现代生活、文创产业和公共文化服务体系的融合日益加深。同时，保护区的建设也带动了当地经济社会的发展，提高了居民的生活水平和幸福感。

（四）服务可及性

社会组织通过提供多样化的文化活动和服务，提高了乡村居民对文化服务的可及性。

例如，通过"送戏下乡""电影放映"等活动，社会组织将文化服务直接送到村民身边，提升了服务的覆盖面和参与度。村民通过参加社会组织，获得相应的文化公共服务。图4-4为村民目前参加社会组织的基本情况。

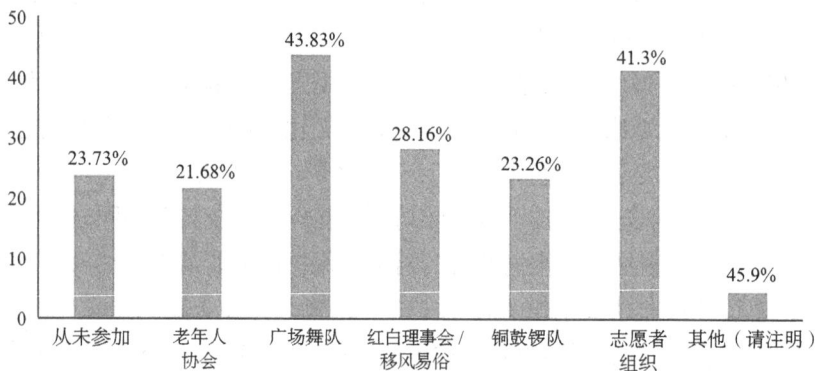

图4-4　村民目前参加的社会组织

由上图可知，参加广场舞队和志愿者组织的比例较高，分别为 43.83% 和 41.3%，说明村民对参与社会组织活动的热情较高。老年人协会、红白理事会 / 移风易俗理事会和铜鼓锣队的参与比例相对较低，分别为 21.68%、28.16% 和 23.26%，可以考虑开展更多吸引人的活动，提高参与度。从未参加社会组织的比例为 23.73%，可以通过宣传和推广，提高村民对社会组织的认识和参与意愿。其他社会组织的参与比例较低，可以进一步了解村民对其他社会组织的需求，开展符合实际情况的活动，吸引更多人参与。

（五）服务创新性

社会组织在乡村文化振兴中展现出创新性。通过创新服务模式和内容，提升农村公共文化服务的吸引力和影响力；通过引入新的文化形式和内容，满足乡村居民的文化需求。根据调研情况看，山东部分地区的文化馆向农村居民推行"云游博物馆"等系列活动，利用数字技术，开发沉浸式乡土文化体验项目，让乡土文化"活"起来，满足了村民多样化场景体验的需求。

山东省的社会组织"乡村振兴　公益课堂"项目组在惠民县石庙镇中心小学、孙武街道中心小学开展了一系列艺术教育活动，包括绘画、声乐、葫芦丝、舞蹈等，旨在提高乡村青少年的艺术素养。社会组织通过参与乡村文化资源数字化平台建设，利用大数据、人工智能等技术，开发新的文化产品和服务，增强了乡村文化的吸引力和活力。

这些活动和项目不仅提升了乡村居民的文化生活质量，也促进了乡村文化的传承和发展。社会组织在乡村文化振兴中的作用是不可或缺的，它们通过创新和灵活的方式为乡村文化的发展注入了新的活力。

四、公众参与度

社会组织通过动员和组织村民参与文化活动，提高村民的参与度和文化获得感。

（一）村民参与意愿

村民的参与意愿是文化公共服务成功的关键。调查表明，不同文化程度的村民对于文化活动的选择呈现不同的意愿。小学以下文化程度群体，主要选择做家务、活动锻炼、打牌娱乐和看电影 / 演出；初高中文化程度群体，主要选择做家务、活动锻炼、打牌娱乐和参与村里公共事务；大专文化程度群体，主要选择做家务、活动锻炼、打牌娱乐和看电影 / 演出；大专以上文化程度群体，主要选择陪孩子学习、自己学习培训和参与村里公共事务。综上所述，随着文化程度的提高，个体在空闲时间选择的活动也呈现出一定的差异。较低文化程度群体更倾向于做家务和娱乐活动，而随着文化程度的提高，更多人选择参与教育、学习和社会公共事务等活动。

通过调查发现，村民对社会组织提供的乡村公共文化服务多数都比较感兴趣，具体调查数据如图4-5所示。

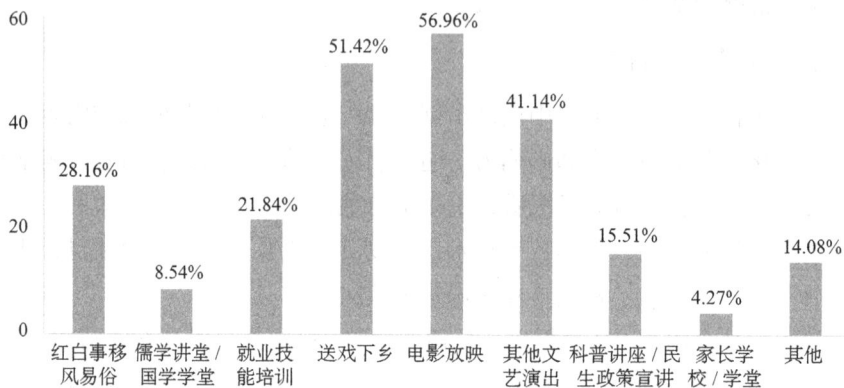

图4-5　对社会组织提供的乡村公共文化服务感兴趣程度

最受关注的三项公共文化服务分别是电影放映（56.96%）、送戏下乡（51.42%）和其他文艺演出（41.14%），说明在公共服务项目方面，电影放映、送戏下乡和其他文艺演出是调查对象最感兴趣的项目。儒学讲堂/国学学堂（8.54%）和家长学校/学堂（4.27%）的关注度较低。可以考虑增加电影放映、送戏下乡和其他文艺演出等受欢迎的公共服务的举办频次，以满足公众需求。对于关注度较低的服务，如儒学讲堂/国学学堂和家长学校/学堂，可以重新评估其内容和形式，以吸引更多参与者。

（二）文化需求表达

有效的文化需求表达机制能够确保村民的需求得到满足。例如，调研中绝大多数村庄都通过建立自下而上的需求表达机制，以村"两委"为依托，对群众文化诉求进行有效筛选与整合，形成了统一诉求，按需提供文化服务。

根据图4-6的调研数据可知，农村家庭需求较高的公共文化服务项目包括送戏下乡、文艺演出（64.08%），红白事新办、移风易俗（44.78%），广场舞指导（43.04%），科普教育/民生政策宣讲（40.66%）。这几项服务项目的需求比例较高，说明大多数家庭对这些项目有较高的需求。需求较低的公共文化服务项目包括家庭教育指导 / 家长学堂（19.46%）、小学生课后托管 / 平时作业辅导 / 寒暑假辅导托管（21.99%）、孩子兴趣特长学习（22.63%）。这些项目的需求比例相对较低，可能需要进一步优化服务内容或宣传推广，以提高家庭的参与度。部分项目的需求比例较接近，如解决孩子入托、入学（24.05%），传统文化、手工艺保护传承（26.58%），儒学讲堂、国学学堂（27.85%）。可以考虑将资源整合，提供更多元化的服务组合，以满足家庭多样化的需求。基于以上分析，建议在公共文化服务项目的规划和提供过程中重点关注需求较高的项目，同时对需求较低的项目进行有针对性的改进和推广，以提升农村家庭对公共文化服务的满意度和参与度。

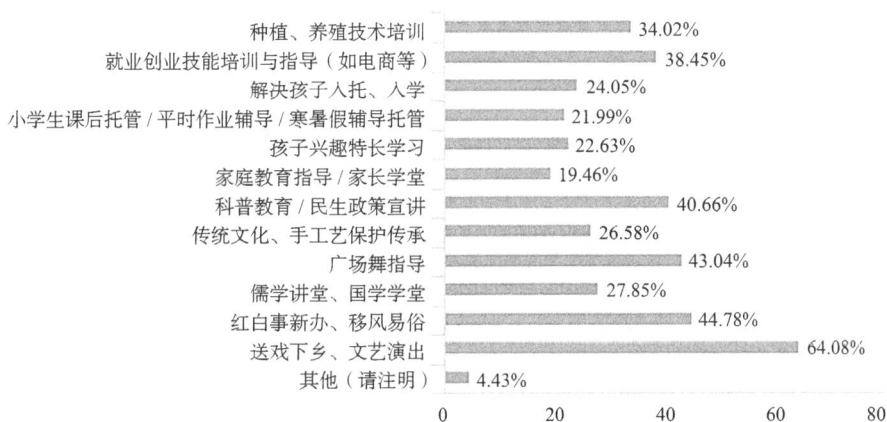

图 4-6　农村家庭对乡村振兴公共文化服务项目的需求

（三）供给参与

村民参与文化产品的创作和供给是提升服务效能的重要途径。例如，广西 H 市的"全民艺术普及——情暖乡村同欢乐"文化志愿服务项目，通过招募具有文化艺术特长的志愿者，助力乡村公共文化服务。

根据图 4-7 的调研数据可知，体育健身器材是受访村民半年内使用最多的活动设施，占比为 73.38%。文化站 / 文化大院是第二常用的活动设施，占比为 59.74%。农家书屋 / 图书室虽然在使用率上位居第三，但占比为 33.44%，明显低于第二常用活动设施的比例。电子阅览室、村史展馆和其他活动中心的使用率相对较低，分别为 10.39%、19.81% 和 30.03%。

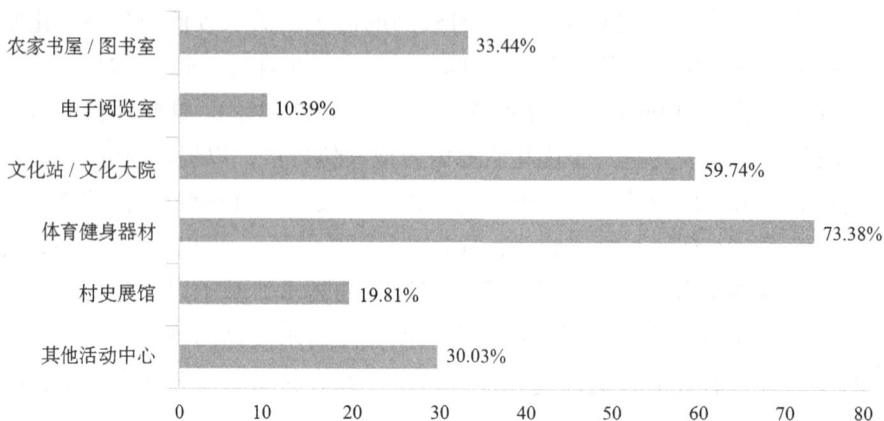

图 4-7 受访村民半年内使用活动设施的情况

（四）评估参与

社会组织参与对文化公共服务的评估和反馈，是提升服务质量的重要环节。社会组织如红白理事会、妇联、志愿者组织等通过各自的优势和资源，参与到乡村文化服务中，不仅丰富了村民的文化生活，也提升了村民的参与度和满意度，对乡村文化的振兴起到了积极的推动作用。

根据图 4-8 的调研数据可知，当被问到"您认为在乡村文化振兴政策制定及公共文化服务提供方面，社会组织（红白理事会、老年人协会、社工组织、志愿者组织、三下乡服务队、非遗文化及红色基因传承队伍、庄户剧团、文艺团体）的参与重要吗？"这个问题时，答复情况如下：认为非常重要的选择率为46.36%，认为重要的占比 42.41%。这反映了村民对于社会组织参与乡村文化振兴持肯定、赞赏、满意的态度。

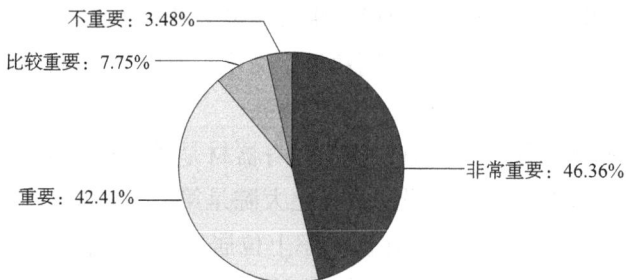

图 4-8 村民对社会组织参与提供公共文化服务的重要性认知

82

五、公众满意度

通过开展群众满意度调查，能够强化群众满意度评价的硬性要求，健全以效能为导向的政府公共文化服务考核指标体系，从而实现政府由文化管理向文化治理转变。

（一）公众满意程度

社会组织通过提供符合乡村居民需求的文化服务，丰富了活动内容，提升了服务质量和设施便利性，从而提高了公众的满意程度。例如，通过调查了解到，村民对文化公共服务的积极程度和意愿强度在不断增强，他们对文化服务的满意度也在不断提升。公众对文化公共服务的满意程度，包括服务质量、活动内容、设施便利性等。通过调查了解到，活动内容包括乡村振兴中文化活动是否丰富、是否符合当地文化特色、是否满足不同年龄层的需求等，这些都能够反映村民对文化活动的偏好和满意度。大部分调查对象对红白事移风易俗、送戏下乡、电影放映等公共服务感兴趣，且对这些服务的提供效果较为满意。将相关指标与满意度做相关分析还呈现如下特点，见表4-2、4-3、4-4。

表4-2 性别与社会组织提供农村公共文化服务的满意度相关分析

相关变量	显著性水平	相关系数值	注释
文化程度	0.009	−0.105	女性文化程度低
活动次数	0.025	−0.089	女性更少去
对设施满意度	0.005	−0.113	女性更满意
满足数量需求程度	0.002	−0.125	女性更满意
整体满意度	0.004	−0.114	女性更满意

表4-3 年龄与社会组织提供农村公共文化服务的满意度相关分析

相关变量	显著性水平	相关系数值	注释
文化程度	0.000	−0.511	年龄越大，文化程度越低
活动次数	0.004	−0.116	年龄越大，次数越少
对设施满意度	0.022	0.091	年龄越大，越不满意

（续表）

相关变量	显著性水平	相关系数值	注释
满足数量需求程度	0.024	−0.009	年龄越大，越不满足
整体满意度	0.044	0.080	年龄越大，越不满意

表 4-4　文化程度与社会组织提供农村公共文化服务的满意度相关分析

相关变量	显著性水平	相关系数值	注释
活动次数	0.026	0.089	文化程度越高，次数更多
对设施满意度	0.000	0.182	文化程度越高，更满意
满足数量需求程度	0.000	−0.222	文化程度越高，更满足
整体满意度	0.000	−0.139	文化程度越高，越满意

（二）文化获得感

根据图 4-9 的调研数据可知，社会组织通过提供优质的文化服务，增强了农村居民的文化获得感。这包括提供多样化的文化活动，如传统节日庆典、文艺演出、文化展览等。这些活动不仅丰富了农村居民的文化生活，也使他们能够感受到文化的魅力和价值，提升了他们的文化自信和自豪感。

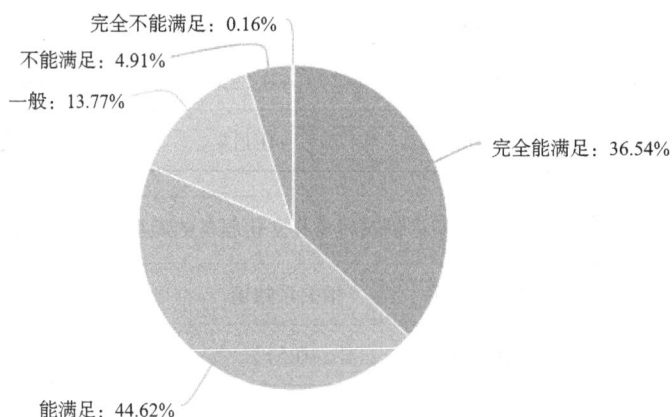

完全不能满足：0.16%
不能满足：4.91%
一般：13.77%
完全能满足：36.54%
能满足：44.62%

图 4-9　目前社会组织提供公共文化服务满足村民需求的程度

（三）文化幸福感

社会组织通过文化服务提升农村居民的生活质量和幸福感。文化服务的提供不仅满足了农村居民的精神文化需求，还促进了农村社会的和谐稳定，增强了农村居民的幸福感。例如，通过建设农村文化礼堂、文化大院等，为农民提供了集文化、娱乐、教育于一体的活动平台，这些平台不仅提供了丰富的文化活动，还成为邻里交流、互助合作的场所，增强了农村社区的凝聚力和向心力。

访谈对象之一的冯女士说道："现在不愁吃喝，我们这些中老年人每天来文化大院里打鼓、吹渔夫号子、打牌，还能来看书。孩子逢周末也能有志愿者大学生给上课，这些活动太好了，让我们感觉到了现在生活在农村有多么幸福，希望这些活动能长期办下去。"

第五章 社会组织参与乡村文化振兴的困境及其成因

第一节 社会组织参与乡村文化振兴的困境

一、文化活动形式较为单一

乡村是文化的宝库，文化活动的内容理应多彩多姿。乡村文化总体而言可分为四大类：一是农耕文化。这是与农业生产直接相关的知识、技术、理念的综合，包括农学思想、栽培方式、耕作制度、农业技术等，农耕文化还包括农业哲学思想和农业美学文化。二是乡村手艺。像木匠、石匠、篾匠、刺绣、酿造等技艺，凝结了先人的生存智慧，反映着村民的精神信仰与心理诉求。三是乡村景观文化。乡村景观以农业活动为基础，以大地景观为背景，由聚落景观、田园景观、社会生活景观和自然环境景观等共同构成，集中体现人与自然的和谐关系。四是乡村节日与习俗。生活习俗作为生活中的文化现象，包括衣食住行的方式，生老病死、婚丧嫁娶的习俗，也包括乡村艺术和娱乐活动等。[①]

在实际的乡村文化公共服务提供过程中，虽然文化活动形式和内容日益丰富，特别是在社会组织的参与下，加入了不少新鲜元素，但据目前的情况看，仍存在活动形式单一的问题，表现为仅限于或传统或浅层次文化内容的提供。尤其是常态化的活动形式，不少村镇都缺乏乡村文化创意项目和文化品牌，不能很好地呈现出当代乡村振兴所要求的可发展性和可持续性。

---

① 朱启臻. 乡土文化建设是乡村振兴的灵魂 [N]. 光明日报, 2021-02-25 (16).

（一）活动内容单一

首先是传统习俗活动占主导地位。在许多乡村地区，文化活动往往以传统节日和习俗为主，如春节、端午、中秋等节日的庆祝活动。这些活动虽然具有深厚的文化底蕴，但往往缺乏创新的形式，年复一年地重复相同的庆祝方式，导致活动内容单调。其次是缺乏现代元素。随着科技的进步和社会的发展，现代文化元素如网络文化、流行文化等在农村地区的渗透并不充分。乡村文化活动往往忽视了这些现代元素，导致活动内容与现代生活脱节。

（二）活动形式单一

一是以表演类活动为主：乡村文化活动多以文艺表演为主，如歌舞、戏曲、小品等。这些活动虽然能够展示乡村文化的魅力，但过于单一的表演形式容易让观众产生审美疲劳。二是缺乏互动和参与性：许多乡村文化活动往往采用"观看式"参与方式，观众只是被动地接受信息，缺乏互动和参与。这种单一的形式限制了观众的参与热情，降低了活动的吸引力。

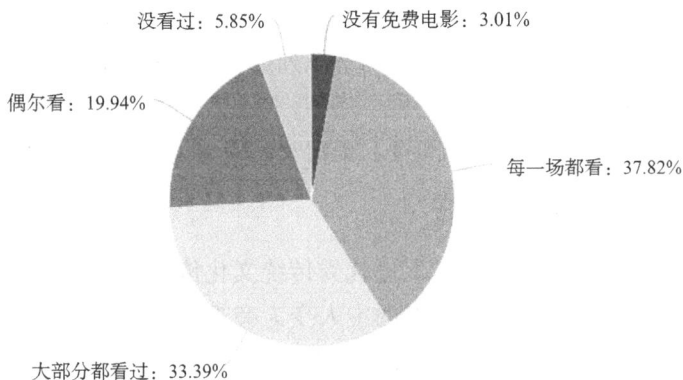

没看过：5.85%　　没有免费电影：3.01%

偶尔看：19.94%

每一场都看：37.82%

大部分都看过：33.39%

图 5-1　一年之内去看过村里（社区）放映的免费公益电影的频次

根据图 5-1 的调研数据可知，超过半数的受访者（71.21%）表示有去看过村里（社区）放映的免费公益电影，其中有 37.82% 的受访者表示每一场都看，33.39% 的受访者表示大部分都看过，19.94% 的受访者表示偶尔看。由此，在继续开展免费公益电影放映活动时，可以考虑增加宣传力度，提高活动的知名度，吸引更多村民参与。同时，可以根据观众反馈，进一步优化电影题材选择和放映时间，以提升活动的吸引力和参与度。

放映单位或放映员在选择影片时应该重视征求群众意见，以提高影片放映的满意度和观众体验。根据图 5-2 的调研数据可知，有 30.22% 的人表示"征求了，放映了爱看的电影"，而只有 1.58% 的人表示"征求了，没有放映爱看的电影"。另外，有 51.74% 的人表示"没有征求"，而有 16.46% 的人表示"不清楚"。

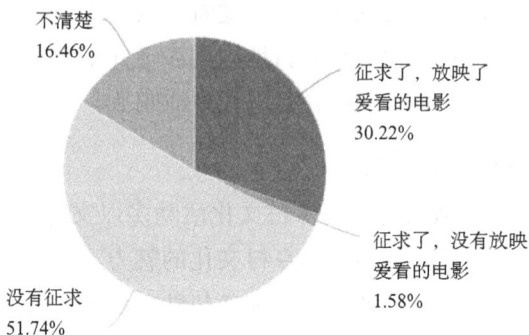

图 5-2　影片放映单位或放映员是否征求群众意见

乡村文化活动形式单一主要体现在活动内容、形式、资源投入等方面。为了推动乡村文化的繁荣与发展，需要采取一系列措施来丰富乡村文化活动的形式和内容，提高农民的文化素养和参与度。例如，可以引入现代文化元素、创新活动形式、加大资金投入和人才培养力度、提高农民的文化自觉等。

二、群众参与主动性低

以农民为核心的生活方式是促进优秀传统文化传承的关键。任何试图忽视农民主体地位，取而代之，将原本的主人变为旁观者的做法，注定会以失败告终。以上述电影放映活动为例，当问到"您不去或很少去看电影的原因是什么？"时，根据图 5-3 的调研数据可知，多数人选择很少去或不去看电影的主要原因是更喜欢在家看电视（47.85%），其次是农忙的时候或恶劣天气放映，不愿意去（25.77%）。相对而言，没人通知放映时间（12.88%）和对影片不感兴趣（13.5%）的比例较低。上述调研数据反映出放映单位没有考虑到提供更多吸引群众的活动和服务，如推出特色影片、提供更舒适的观影环境等，以吸引更多群众参与。

另据图 5-4 的调研数据可知，在问到"乡村文化振兴政策制定及公共文化服务提供方面，村民的参与重要吗？"这一问题时，40.19% 的被访者的回答是"非常重要"，48.58% 的被访者的回答是"重要"。

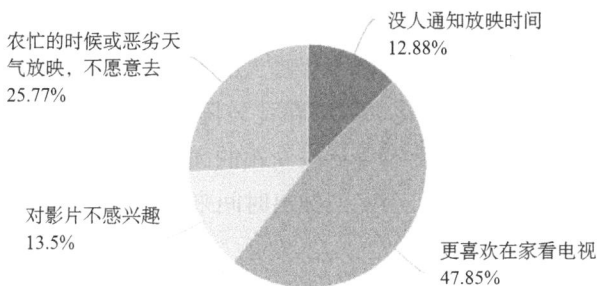

图 5-3　不去或很少去看电影的原因

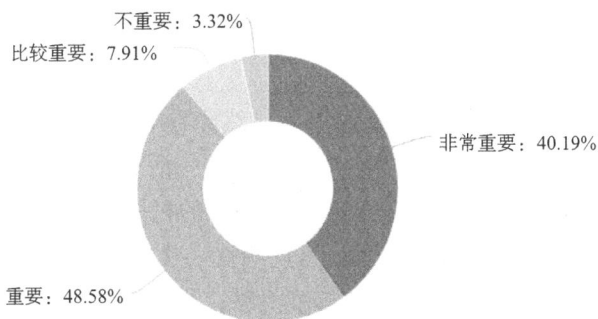

图 5-4　乡村文化振兴政策制定及公共文化服务提供方面，村民参与的重要程度

可见，村民和相关负责人已然意识到了群众参与的重要性，但在实际行动效果上群众参与的主动性还有所欠缺。

在所调研的村庄中，部分村民表示，对于乡村文化振兴的内容不了解，项目设施等没有使用过几次，参加的活动也不多。这说明部分社会组织提供的文化活动缺乏吸引力和号召力，无法满足村民的文化需求。"您觉得目前的公共文化服务在数量上能否满足您的需求？"面对这样一个问题，虽然多数人的回答是能够满足，但还有 20% 左右的被访者表示无法满足他们的文化活动需求。

乡村文化活动群众参与主动性低的原因是一个复杂的问题，涉及多个方面的因素。

（一）活动内容缺乏吸引力

许多乡村文化活动的内容过于单一，缺乏创新性和多样性。例如，一些地区的文化活动主要围绕传统节日和习俗展开，但庆祝方式往往缺乏新意，年复一年地重复，导致群众对活动失去兴趣。随着社会的进步和科技的发展，现代文化元素在农村地区的渗透并不充分。乡村文化活动往往忽视了这些现代文化元素，导致活动内容与现代生活脱节，难以吸引年轻人的参与。一名泰安的青年村民（28岁，女）表示："现在村里的文化书屋书籍比较陈旧，自己对唱戏等常规娱乐活动并不感兴趣，希望能有足球比赛等比较新颖的文体活动方式。当然，如果有运用高科技的项目，我也感兴趣，会专门抽出时间来试用一下。"

（二）活动组织策划不足

一些乡村文化活动的组织者缺乏相关经验和能力，导致活动的策划、组织和执行不够完善。活动时间、地点和内容的安排不合理，无法满足群众的需求。乡村地区往往缺乏专业的文化人才，导致文化活动在组织、策划和实施方面存在困难。缺乏专业人才的指导，乡村文化活动难以达到较高的艺术水准，进而导致活动的吸引力下降。

作为乡村文化活动之一，农家书屋显然比看电影等活动更有"文化"意味，可以让村民享受身边的精神食粮。也就是说这一活动的出发点是好的，但根据图5-5的调研数据可知，去过文化站或农家书屋的村民比例为66.88%，其中去过6次及以上的比例最高，达30.17%。这说明这一文化服务形式的宣传推广力度不够，人们对文化站或农家书屋的认知度不够，活动组织没有吸引更多人参与。

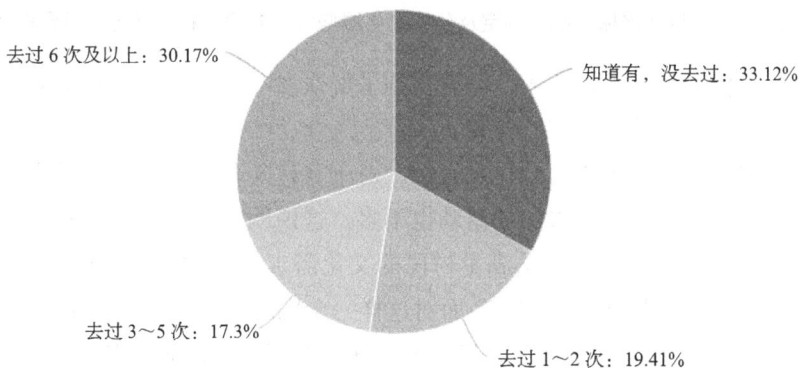

图5-5　过去的一年之内去过文化站或农家书屋的频次

（三）活动宣传推广不到位

许多乡村文化活动的宣传渠道单一，主要依赖传统的口口相传或简单的海报宣传。这种宣传方式的信息传播范围有限，导致许多村民对活动的了解不足。随着互联网的普及，新媒体平台成为宣传和推广的重要渠道。然而，一些乡村文化活动并没有充分利用这些新媒体平台，导致活动的知名度和影响力受限。

三、载体建设亟须创新

任何文化的存续都离不开特定的载体，而传统文化的主要承载地正是乡村。鉴于传统文化的丰富多样性，各类文化所占据的空间和展现的形式各不相同。乡村文化建设与传承的重要性体现在以下三个方面：首先，乡村的空间布局是乡村文化赖以生存的物质基础。乡村空间涵盖了村落、民居、院落及公共活动场所等要素，其中村落空间对人的心理与行为具有潜移默化的影响和教育作用。其次，乡村的生产方式是农业文化传承的关键环节。农业生产不仅是经济活动，更是农业文化的重要传递途径，包括农具的使用、地方品种的保持与改良、传统耕作方法、独特的农业制度等，这些都深深植根于特定的农业生产流程之中。最后，乡村生活是传统文化的重要载体。村民的日常习俗，如生活礼仪、节庆活动、民间信仰以及日常交谈、饮食习惯等，都是传统文化的具体表现。

就目前的情况看，乡村文化服务活动基本以传统的形式和载体为主流，多数地方的社会组织并没有深挖乡村文化的深层内涵，文化载体创新意识不足，导致"守正"有余而创新不足，无法承担起当代社会对于乡村文化建设与传播的重任。

当前，乡村文化载体建设在基础设施建设、文化资源开发、人才队伍建设以及管理机制等方面都存在明显的薄弱点。为了推动乡村文化的繁荣与发展，需要采取一系列措施来加强乡村文化载体建设，提高乡村地区的文化软实力和竞争力。

（一）基础设施建设滞后

乡村文化载体建设的基础设施是支撑文化活动开展的基础。然而，目前许多乡村地区在文化基础设施建设方面存在明显的滞后性。这主要体现在以下几个方面：乡村地区的文化设施，如图书馆、文化站、文化活动中心等数量相对较少，无法满足广大农民群众的文化需求；部分已建成的文化设施存在设施陈旧、功能不完善等问题，影响了其使用效果；文化设施在乡村地区的分布不均衡，一些偏远地区或经济条件较差的乡村地区文化设施较为匮乏。

（二）文化资源开发不足

乡村文化资源丰富，但目前的开发程度并不高。这主要体现在以下几个方面：许多乡村地区拥有丰富的历史文化遗产、民俗传统等文化资源，但这些资源没有得到充分挖掘和利用；一些乡村地区虽然拥有文化资源，但缺乏将其转化为文化产品的能力，导致文化资源未能有效转化为经济效益和社会效益；在文化资源开发过程中，部分乡村地区存在过度开发、破坏文化遗产等问题，导致文化资源流失。

（三）人才队伍建设薄弱

乡村文化载体建设需要一支高素质的人才队伍来支撑。然而，目前乡村地区在文化人才队伍建设方面存在以下问题：乡村地区缺乏专业的文化工作者、文艺创作者等人才，导致不少文化活动缺乏创新性和活力，如农村广场舞、学生文体活动指导、科技助农及就业辅导等，都缺乏专业的人才指导，常常流于形式；部分乡村地区的文化工作者存在文化素质不高、专业技能不强等问题，影响了文化活动的质量和效果；由于乡村地区经济条件相对较差，许多优秀的文化人才选择离开乡村，前往城市寻求更好的发展机遇。

（四）管理机制不完善

乡村文化载体建设的管理机制是影响其发展的重要因素。目前，乡村地区在文化管理机制方面存在以下问题：部分乡村地区缺乏明确的文化管理主体，导致文化活动缺乏统一规划和协调；部分乡村地区的文化管理手段相对单一，缺乏创新性和灵活性，无法满足广大农民群众的文化需求；由于管理机制不完善，部分乡村地区的文化活动存在组织不力、效果不佳等问题。

四、社会资源要素下乡通道不够畅通

当前，社会文化艺术人才和民间资本等关键要素流向乡村主要依赖于政府的推动作用。然而，由于资源条件等方面的差异，相较于城市，大多数乡村自身的吸引力仍然有限，这导致社会资源要素在参与乡村文化建设时缺乏足够的主动性和积极性，很多社会文化组织、培训机构、演出团队以及专业指导专家等，比较难以流动到农村。真正在乡村基层扎根的企业和城市社会组织数量稀少，主要依靠乡村本土社会组织来推动乡村文化事业，甚至人才外流现象比较普遍，从而造成了乡村文化建设在持续发展上动力不足。在调查中，不少村民都反映本地乡村文化振兴事业的专业指导人才稀缺，村民想要学习艺术或技术的指导和组织条件不是很充分。

社会资源要素下乡通道不够畅通限制了乡村文化活动的活力和影响力，阻碍了乡村文化的传承与发展，主要体现在以下几个方面。

（一）资金要素不够畅通

乡村文化活动的资金来源往往依赖于政府拨款和乡村集体经济，缺乏多元化的融资渠道。这导致资金有限，难以支持大规模、高质量的文化活动。部分乡村地区在资金使用上存在不透明现象，缺乏有效的监督和审计机制。这可能导致资金被挪用或浪费，无法真正用于乡村文化活动的举办和设施的改善。在资金分配上，往往存在向城市或经济条件较好的乡村地区倾斜的现象，导致一些偏远或经济条件较差的乡村地区开展文化活动的资金匮乏。

（二）人才要素不够畅通

乡村地区大多缺乏专业的文化工作者和文艺创作者，导致文化活动缺乏创新性和活力。同时，由于乡村地区生活条件相对较差，难以吸引和留住优秀的文化人才。许多乡村地区的年轻人选择到城市工作或求学，导致乡村文化人才大量流失。这使得乡村文化活动的组织者和参与者数量减少，影响了活动的质量和效果。乡村地区在文化人才培训方面存在不足，缺乏系统的培训和提升机制。这导致乡村文化工作者的专业素质和能力难以提高，无法适应新时代乡村文化发展的需求。

（三）文化资源要素不够畅通

许多乡村地区拥有丰富的历史文化遗产和民俗传统，但这些资源没有得到充分挖掘和利用。这导致乡村文化活动的内容单一，缺乏特色和吸引力。由于乡村地区信息传播渠道有限，许多优秀的乡村文化资源无法被广泛传播和认知。这限制了乡村文化活动的影响力和传播范围。在文化资源开发过程中，部分乡村地区存在过度开发或破坏文化遗产的现象。这导致乡村文化资源的流失和破坏，影响了乡村文化活动的可持续性和传承性。

（四）活动组织要素不够畅通

部分乡村地区在文化活动的规划上存在不合理现象，缺乏长远规划和系统性思考。这导致文化活动缺乏连贯性和持续性，难以形成品牌效应。在活动的执行过程中，往往存在组织不力、协调不畅等问题。这可能导致活动效果不佳，无法达到预期的目标和效果。乡村文化活动的评估机制不完善，缺乏科学的评估方法和标准。这导致无法准确评估活动的成效和问题，无法为未来的活动提供有效的参考和借鉴。

五、社会组织自身建设水平有待提升

尽管社会力量整体呈现出蓬勃发展的态势，但我们仍须注意到，当前众多乡村（社区）仍面临着活动资源匮乏的问题。专业社会机构和业余文艺团体的整体表现尚待提升，高质量的社会组织较为稀缺，特别是那些有能力承接政府公共文化服务项目的社会组织数量较为不足。社会组织的发展后劲欠缺与自身能力的不足，导致的直接后果就是难以取得当地政府和相关管理部门的信任，项目获取比较困难。同时，部分社会组织还存在组织能力不足、活动开展不接地气、对村民的吸引力不够的问题。这就要求社会组织在乡村振兴的大背景下，及时了解相关政策，了解村民的实际文化服务需求，从而更好地参与到乡村文化振兴的公共服务事业之中。

（一）角色认知不清

社会组织在乡村文化建设中的角色定位是其发挥作用的前提。然而，当前许多社会组织在参与乡村文化建设时，存在定位模糊、角色认知不清的问题。一些社会组织对自身的职责和使命缺乏清晰的认识，导致在参与乡村文化建设时缺乏针对性和实效性。此外，部分社会组织在参与过程中过于依赖政府，缺乏自主性和创新性，难以形成有效的乡村文化建设合力。

（二）服务难以满足需求

社会组织的服务能力是其参与乡村文化建设的重要基础。然而，当前许多社会组织在服务能力方面存在不足，难以满足村民多样化的文化需求。一方面，部分社会组织在活动策划、组织实施和宣传推广等方面缺乏专业性和创新性，导致活动效果不佳；另一方面，部分社会组织在资源整合、信息共享和协同合作方面存在短板，难以形成有效的服务网络。这些问题导致社会组织在乡村文化建设中的服务质量和效率不高，难以满足村民的期望和需求。

（三）内部治理效率低下

内部治理机制是社会组织规范运作和高效治理的重要保障。然而，在乡村文化建设中，一些社会组织的内部治理机制不健全，治理效率低下。一方面，部分社会组织在决策制定、执行监督和反馈评估等方面存在不规范的问题，导致决策失误和执行不力；另一方面，部分社会组织在成员管理、团队协作和激励约束等方面存在不足，导致内部矛盾和纷争频发。这些问题严重影响了社会组织的稳定性和凝聚力，制约了其在乡村文化建设中的作用发挥。因此，相比较而言，社会组织的内部监督机制比较薄弱，道德自律和自我约束显得很重要。

（四）社会认知度低

宣传推广是社会组织扩大影响力和提高社会认知度的重要手段。然而，在乡村文化建设中，一些社会组织在宣传推广方面存在不足，导致社会认知度较低。一方面，部分社会组织在活动策划和实施过程中缺乏有效的宣传推广策略和手段，导致活动影响力有限；另一方面，部分社会组织在媒体合作和舆论引导方面缺乏经验和能力，难以形成有效的宣传效果。这些问题导致社会组织在乡村文化建设中的知名度和影响力不高，难以吸引更多的资源和支持。

（五）可持续发展能力不足

长期规划是社会组织实现可持续发展的重要保障。然而，在乡村文化建设中，一些社会组织缺乏长期规划，可持续发展能力不足。一方面，部分社会组织在参与乡村文化建设时缺乏明确的目标和愿景，导致活动缺乏连贯性和持续性；另一方面，部分社会组织在资源整合和资金筹集方面缺乏长期规划和战略安排，导致资金和资源难以持续支持活动的开展。这些问题导致社会组织在乡村文化建设中的可持续发展能力不足，难以形成长期效应。

（六）法律法规意识淡薄

法律法规是社会组织规范运作的重要保障。然而，在乡村文化建设中，一些社会组织的法律法规意识淡薄，存在法律风险。一方面，部分社会组织在参与乡村文化建设时缺乏对相关法律法规的了解和遵守，导致活动存在违法违规的风险；另一方面，部分社会组织在内部管理和决策制定过程中缺乏法律意识和合规意识，容易导致内部矛盾和纷争频发。这些问题不仅影响了社会组织的形象和声誉，还可能对其未来的发展造成不利影响。

六、政府支持度尚待加强

尽管政府已经颁布了鼓励社会力量参与公共文化服务的相关政策措施，但在具体引导社会力量投身乡村文化振兴方面的政策细节仍然相对欠缺。因此，迫切需要出台更具针对性、前瞻性和创新性的政策来提供支持和扶持，并加强这些政策的实施力度，确保它们能够真正落地生根。根据调查了解，村民对于"本地乡村文化振兴公共服务面临哪些不足和困难"的问题，做出的选择如图5-6所示。

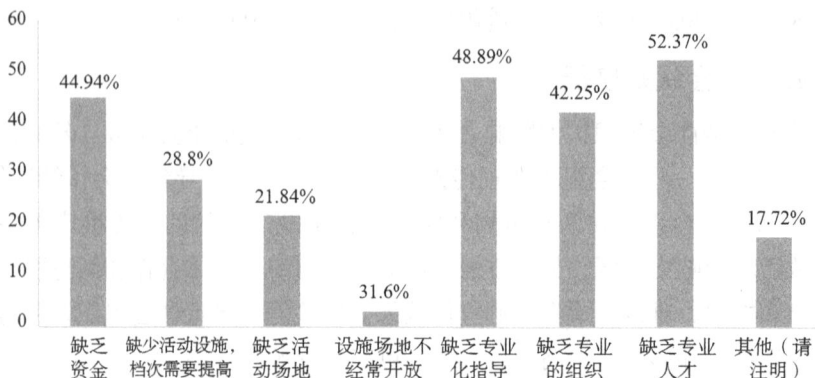

图 5-6　本地乡村文化振兴公共服务面临哪些不足和困难（选三项）

由上图可见，不足和困难选择占前三位的分别为缺乏专业人才、缺乏专业化指导和缺乏资金。这些因素都直接或间接地跟政府资源的支持度相关联。

人才的培养是个系统工程，资金的缺乏也显而易见。相对而言，更重要的还有以下几个因素。

（一）文化资源整合不到位

乡村文化资源的整合与保护是乡村文化振兴的重要环节，但在当前形势下，存在一定的问题。首先是文化资源挖掘不足。基层政府对文化产业的不重视导致许多乡村文化资源没有得到充分挖掘和利用。一些村镇更加注重自然景观的开发，而忽略了乡村文化资源的重要性。这导致乡村文化产业规模有限、种类单一，未能发挥潜力。其次是文化资源保护不力。在经济全球化和城市化的影响下，一些优秀的传统文化和乡土文化面临着消失的风险。一些地方为了发展经济，破坏了古老文物，严重影响了文化资源的完整性。一些地方政府在这方面的保护力度不足，缺乏有效的保护措施和监管机制。

（二）政策支持不够全面

政府在推动乡村文化建设时，政策支持不够全面，缺乏针对性和实效性。一是政策制定滞后：一些地区的政策制定滞后于乡村文化建设的实际需求，导致政策难以落地实施。同时，政策之间的衔接不够紧密，缺乏系统性和连贯性。二是政策执行不力：一些地方政府在执行乡村文化建设政策时存在敷衍了事、走过场的现象。这导致政策执行效果大打折扣，难以达到预期的目标。三是政策缺乏创新性：一些地方政府在制定乡村文化振兴政策时缺乏创新性和前瞻性，难以适应新时代乡村文化建设的需要。这导致政策在实施过程中难以发挥应有的作用。

（三）缺乏长远规划

一些地方政府在推动乡村文化建设时缺乏长远规划，导致文化建设缺乏系统性和可持续性。首先是规划制定不合理。一些地方政府在制定乡村文化建设规划时缺乏科学性和前瞻性，导致规划难以适应新时代乡村文化建设的需要。同时，规划之间的衔接不够紧密，缺乏整体性和协调性。其次是规划执行不力。一些地方政府在执行乡村文化建设规划时存在敷衍了事、走过场的现象。这导致规划难以落地实施，难以达到预期的目标。最后是规划缺乏评估。一些地方政府在制定和执行乡村文化建设规划时缺乏有效的评估机制。这使得在规划实施过程中难以发现问题和及时调整，难以发挥规划应有的作用。

第二节　问题的成因

一、村民参与活动主体意识不强

由于教育水平、经济状况等因素的限制，部分村民的文化需求相对单一，主要集中在休闲娱乐方面。这种需求导向使得他们更倾向于参与一些简单的、易于理解的文化活动，而对于一些需要深入思考或学习的文化活动则缺乏兴趣。部分农民对于自身文化的认同感和自豪感不足，缺乏主动参与和传承乡村文化的自觉性。他们可能认为参与文化活动是"不务正业"，或者认为参与文化活动会耽误农活等正常工作。

二、资金和资源限制

根据利益相关者理论和资源依赖理论，社会组织的利益相关者比较多，依靠自身难以获得生存需要的全部条件，必须向外寻求生存之道，否则就会出现"志愿失灵"问题。而一些乡村文化活动由于资金限制，无法提供足够的文化活动内容和服务。这可能导致活动的质量下降，无法满足群众的文化需求。乡村地区往往缺乏必要的文化活动设施和设备，如文化广场、图书馆、文化站等。这些设施的缺乏限制了文化活动的举办和群众的参与。资金方面，乡村文化活动往往受到资金限制，导致活动规模和质量受到限制。缺乏足够的资金支持，使得乡村文化活动难以在内容和形式上实现多样化。人才方面，乡村地区往往缺乏专业的文化人才，导致文化活动在组织、策划和实施方面存在困难。下面以广场舞指导和传统文化、手工艺保护传承以及儒学讲堂、国学学堂为例进行分析，相关调研数据如图 5-7、5-8、5-9 所示。

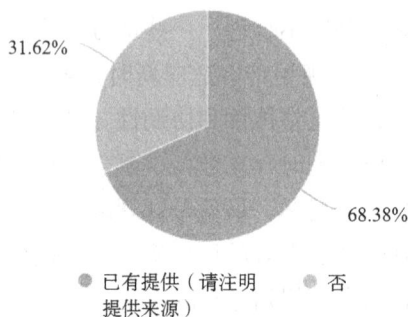

31.62%

68.38%

● 已有提供（请注明　● 否
　提供来源）

图 5-7　广场舞指导是否已被提供

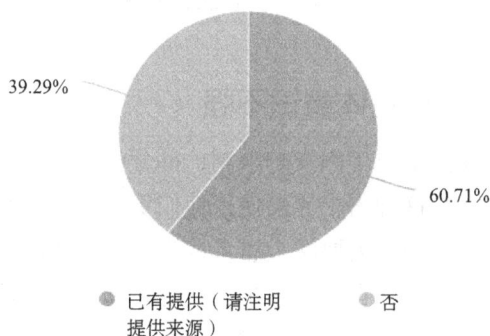

39.29%

60.71%

● 已有提供（请注明　● 否
　提供来源）

图 5-8　传统文化、手工艺保护传承是否已被提供

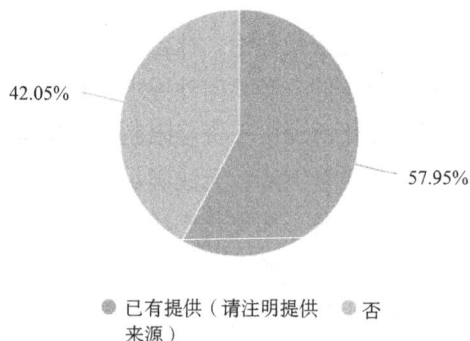

42.05%

57.95%

● 已有提供（请注明提供　● 否
　来源）

图 5-9　儒学讲堂、国学学堂是否已被提供

由以上统计数据能够直观地看出，对比红白理事会、科普服务等高提供率（94.35% 和 88.64%），对于由社会组织提供的广场舞指导和传统文化、手工艺保护传承活动，以及文化机构提供的儒学讲堂、国学学堂等活动，村民感受到的提供率有所降低，分别为 68.38%、60.71% 和 57.95%。一方面说明这些公共文化服务，部分村民没有参与；另一方面说明这些公共文化服务的可及率不高。究其原因，主要是农村地区缺乏对于这些相对专业的文化活动的专业人才指导，有待于进一步改善。

三、文化需求单一

一是农民文化需求有限。由于教育水平、经济状况等因素的限制，部分农民的文化需求相对单一，主要集中在休闲娱乐方面。这种需求导向使得乡村文化活动在内容和形式上更加倾向于满足这些基本需求，而忽视了农民对于更高层次文化生活的追求。二是缺乏文化自觉。部分农民对于自身文化的认同感和自豪感不足，缺乏主动参与和传承乡村文化的自觉性。例如，公共阅览室一排排计算机闲置，即使是年轻人也满足于在家看电视、玩手机。这种文化自觉的缺失在一定程度上制约了乡村文化活动形式的多样化发展。

四、社会组织内部治理机制不健全

社会组织内部治理结构就是组织保障其宗旨实现的自我管理和约束的内部机制和结构。社会组织内部治理的关键不仅仅是组织内部的权资划分问题，更在于组织是否真正有效地为公共利益服务。有效的内部治理就是保障组织按照其宗旨行事，保证其非政府性、非营利性、志愿性、独立性或自主性。目前，参与乡村振兴的社会组织只有一少部分是有完整的内部治理机制的，包括人事管理机制、内部监督机制、财务管理机制、议事决策机制等。绝大部分活动在农村的社会组织都不具备基本的内部治理机制，即健全的组织结构。这导致社会组织中存在"所有者缺位"现象，当发起人或捐赠人完成捐款行为后，即与非营利组织的资产脱离了所有权关系。这样，"所有者缺位"导致"监督主体缺位"，无法像公司一样通过股东"用手投票"的方式进行内部监督。这样缺少外部约束和完善的内部治理机制，很难去与外部资源进行合理有效的对接，还会降低组织的工作效率与活动的规范性，会很大程度上影响到社会组织在乡村文化振兴各种服务活动中的参与效能，影响其通过委托—代理机制承接政府和社会的乡村文化振兴项目。

五、社会组织与政府协同治理机制不完善

政府是乡村文化建设的重要推动者和支持者。然而，在乡村文化建设中，社会组织与政府之间的协同治理机制不完善，特别是社会组织缺乏有效的支持。一方面，政府在政策制定、资金扶持和资源整合等方面对社会组织的支持力度不够，导致社会组织在参与乡村文化建设时面临诸多困难；另一方面，社会组织在与政府合作过程中缺乏主动性和创新性，难以形成有效的合作模式和机制。社会组织存在资源依赖的问题，政府和社会力量等利益相关者对于社会组织的影响巨大，这使得社会组织常常面临生存问题。这些问题导致社会组织在乡村文化建设中的参与度和影响力不足，难以发挥应有的作用。据泰山乡村文化博物馆的一位负责人反映，他们想举办一个非遗文化活动庆典，把那些跟泰山石相关的陶艺、石刻、石雕、拓片等进行一一展示，同时邀请人们参与制作活动。但上级政府在这方面的预算有限，他们申请的设施设备没有获得支持。另外，该组织缺乏资源获取的能力和经验。该负责人表示，下一步需要"出去取取经"，进一步探索跟政府合作的模式。

第六章　社会组织参与乡村文化振兴效能提升路径

第一节　社会组织参与乡村文化振兴效能提升需处理好五种关系

随着社会治理重心向基层下移，我国社会组织的发展环境得到进一步改善，但仍存在着组织规模小、经费来源不稳定、物力人力资源匮乏等问题，提供公共服务的能力和参与社会治理的能力较弱，难以满足乡村文化振兴的现实需求。为进一步推动社会组织的发展，激发不同类型社会组织的活力，促进其有效参与乡村文化振兴，应处理好以下几个方面的关系。[①]

一、处理好党的领导与社会组织协同的关系

（一）毫不动摇坚持党的领导

基层党组织是实施乡村振兴战略的"主心骨"，在乡村文化振兴工程中必须始终坚持党的领导，确保党在农村工作中的领导核心地位不动摇。对于基层党组织来说，要充分利用其政治优势、组织优势和作风优势，将党的政策、方针和决策部署转化为推动乡村发展的实际行动；通过加强组织建设、完善组织架构、提升组织力，确保基层党组织在乡村治理中的战斗堡垒作用得到充分发挥。

---

① 杨义凤. 发挥好社会组织在乡村振兴战略中的作用［J］. 农村·农业·农民（B版），2019（14）：39-40.

（二）党组织要注重充分发挥社会组织的功能与作用，促进社会组织健康发展

乡村治理需要多元化的参与主体，社会组织作为重要的社会力量，应被鼓励积极参与乡村治理和文化、经济、社会等各方面的建设。政府和社会各界应提供必要的支持和帮助，如政策扶持、资金援助、技术指导等，促进社会组织的健康发展。同时，要规范社会组织的行为，建立健全社会组织管理机制，明确社会组织的职责、权利和义务，确保其活动合法合规、有序开展；要加强对社会组织的监管和评估，及时发现和纠正问题，确保其在乡村治理中发挥积极作用。

（三）努力实现党的领导与社会组织协同

首先，建立协同机制。探索建立基层党组织与社会组织之间的协同机制，通过定期沟通、联合行动、资源共享等方式，实现双方的紧密合作和优势互补；鼓励基层党组织与社会组织在项目策划、实施、评估等各个环节加强协作，共同推动乡村治理和乡村振兴的深入发展。其次，要明确协同内容。围绕乡村振兴的总体目标，明确基层党组织与社会组织协同的具体内容和领域。例如，在产业发展方面，可以共同推动特色农业、乡村旅游等产业的发展；在文化建设方面，可以共同举办文化活动、传承传统文化等。通过协同合作，实现资源共享、优势互补，提升乡村治理的整体效能和水平。最后，要注重强化协同效果。加强对协同效果的评估和反馈，及时总结经验教训，不断优化协同机制和内容；通过宣传和推广成功的协同案例和经验做法，激发更多基层党组织和社会组织参与协同合作的积极性和创造性。

二、处理好社会组织与农民的关系

处理好社会组织与农民的关系是推动乡村文化振兴的重要保障。通过加强信息沟通与宣传、建立利益协调机制、完善参与机制与平台建设以及培育合作文化等措施可以有效地促进社会组织与农民之间的合作与共赢发展。未来随着乡村振兴战略的深入实施和社会组织的不断发展壮大，我们有理由相信社会组织与农民之间的关系将会更加紧密和谐，共同推动乡村的全面振兴和发展。

农民是乡村振兴的主体，是乡村发展的直接参与者和受益者。他们的生产生活方式、思想观念、利益诉求等直接关系到乡村振兴的成效。因此，在乡村振兴过程中，必须充分尊重农民的主体地位，保障他们的合法权益，激发他们的积极性和创造性。社会组织与农民之间的关系是紧密相连、相辅相成的。社会组织需

要农民的参与和支持才能顺利开展工作，实现其目标；而农民也需要社会组织的帮助和服务，以提升自己的生产生活水平，实现自身的全面发展。因此，处理好两者之间的关系，对于乡村振兴的顺利推进至关重要。

当前，社会组织与农民的关系还存在一些问题。首先，信息不对称。农民往往难以全面了解社会组织的性质、宗旨、服务内容等信息，因而对社会组织缺乏信任和支持。同时，社会组织也可能因为不了解农民的实际需求和诉求，而难以提供精准有效的服务。其次，利益协调难度大。在乡村振兴过程中，不同主体之间的利益诉求可能存在差异和冲突。社会组织在追求自身发展目标的同时，也需要兼顾农民的利益诉求；而农民在追求自身利益最大化的过程中，也可能与社会组织的利益产生矛盾。这种利益协调的难度较大，容易引发矛盾和纠纷。最后，参与机制不健全。目前，社会组织与农民之间缺乏有效的沟通渠道和平台。农民难以有效表达自己的意见和诉求，也难以参与到社会组织的决策和管理中来；而社会组织也难以及时了解农民的需求和反馈，难以调整和优化自己的服务内容和方式。

问题是导向，解决方法和应对策略也应跟着问题走。

（一）加强信息沟通与宣传

为了消除信息不对称的问题，社会组织应主动加强与农民的沟通。一方面，社会组织可以通过多种渠道向农民介绍自己的性质、宗旨、服务内容等信息，提高农民的认知度和信任度；另一方面，社会组织也应积极听取农民的意见和诉求，了解他们的实际需求和困难，以便提供更加精准有效的服务。同时，政府和相关部门也应加强对社会组织的监管和引导，确保其信息的真实性和透明度。通过完善的信息披露机制，农民能够全面了解社会组织的运营情况和服务质量，从而增强对社会组织的信任和支持。

（二）建立健全利益协调机制

为了妥善协调不同主体之间的利益诉求，应建立健全利益协调机制。首先，应明确各主体的权利和义务关系，确保各方在乡村振兴中都能够获得合理的利益回报；其次，应建立有效的协商对话机制，让不同主体之间能够就利益问题进行充分的沟通和协商；最后，应建立利益补偿机制，优化农业补贴政策体系，促进群众增收致富。在具体实践中，可以通过成立乡村振兴协调委员会或利益共同体等方式来加强不同主体之间的协调和合作。同时，也可以借助市场机制的力量来引导各主体之间的利益分配和协调。

（三）完善参与机制与平台建设

为了保障农民的参与权和表达权，应完善社会组织与农民之间的参与机制与平台建设。

首先，应建立健全的参与机制，明确农民参与乡村振兴的方式、途径和程序；其次，应建立多元化的参与平台，如村民会议、村民代表大会、社会组织服务站点等，让农民能够便捷地表达自己的意见和诉求；最后，应加强对农民参与能力的培养和提升，通过培训、教育等方式提高他们的参与意识和能力。在具体实践中，可以依托现有的农村基层组织和社会组织资源来建立参与平台和机制。例如，可以依托村民委员会或村民小组来组织村民会议和村民代表大会；也可以依托社会组织的服务站点来开展农民培训和教育活动。此外，还可以利用现代信息技术手段来建立线上参与平台和渠道，让农民能够更加便捷地参与到乡村振兴中来。

（四）培育农民组织与社会组织的合作文化

为了促进社会组织与农民之间的长期合作和共赢发展，应积极培育农民组织与社会组织的合作文化。首先，应加强对农民组织和社会组织的引导和培训，提高他们对合作重要性的认识；其次，应鼓励和支持农民组织和社会组织之间的交流和合作活动，增进彼此之间的了解和信任；最后，应建立健全的合作机制和政策支持体系，为农民组织和社会组织之间的合作提供有力的保障和支持。在具体实践中，可以通过举办合作论坛、交流研讨会等活动来加强农民组织和社会组织之间的交流和合作。同时，也可以通过政策扶持和资金支持等方式来鼓励农民组织和社会组织之间进行项目合作和开展活动。此外，还可以建立合作奖励机制来激励农民组织和社会组织之间的合作行为。总之，必须尊重农民的创造力，如通过倡导德孝文化、弘扬优良家风、利用村规民约引导社会风气变革等。这些都是源自基层且成效显著的乡村文化建设实践经验，具有极高的推广和借鉴价值。

三、处理好传统社会组织与现代社会组织之间的关系

（一）明确两者在乡村振兴中的定位与作用

传统社会组织作为文化传承的载体，在保护和传承乡土文化、增强村民的文化认同感和归属感上有独特的优势；在参与社区服务方面，通过组织各类活动，丰富村民的精神文化生活，提升社区的凝聚力；在协助政府工作方面，在传统社会组织的帮助下，政府能更好地了解村民的需求，更有效地推进各项工作。而现代社会组织可以提供专业支持，在现代农业、乡村旅游等领域提供专业指导和咨

询服务；能够引入创新资源，通过合作与交流，引入外部的资金、技术和市场渠道等创新资源；能够构建区域合作网络，通过搭建平台促进不同地区间的乡村振兴经验交流和资源共享。

（二）传统社会组织和现代社会组织要密切配合、携手共赢

传统社会组织与现代社会组织要加强沟通与协作，建立定期沟通机制，就共同关心的问题进行协商与合作。两者应在各自擅长的领域发挥最大效能，形成优势互补、协同共进的良好局面。两者应不拘泥于传统的合作模式，积极探索符合新时代要求的新模式和新方法。政府在处理两者关系时应当发挥积极的引导作用，通过制定相关政策和提供资金支持等方式，推动两者的融合发展。同时，也要加强对两类组织的监管力度，确保其活动的合法性和正当性。具体来说，可以采取以下措施：制定优惠政策，如提供税收优惠、场地租赁优惠等，降低两类组织的运营成本，提高其自我发展能力；建立项目对接机制，鼓励传统社会组织与现代社会组织联合申报项目，争取更多资源支持；加强人才培训与交流，定期组织各类培训活动，提升两类组织的人才队伍素质，创造机会促进不同组织间的人才交流与合作。

四、处理好发展型社会组织与保护型社会组织的关系

具体来说，在乡村文化振兴中，发展型社会组织和保护型社会组织各自具有独特的功能。发展型社会组织能够推动乡村文化产业发展、促进乡村文化创新、提升乡村居民文化素质；保护型社会组织能够保护乡村文化遗产、弘扬乡村传统美德、监督乡村文化建设。正确把握两者之间的关系，加强沟通交流、明确各自定位、建立合作机制、加强政策支持，实现两者的合作协同，对于推动乡村文化振兴具有重大意义。只有充分发挥发展型社会组织和保护型社会组织的作用，才能实现乡村文化的繁荣发展，为乡村振兴战略的实施提供坚实的文化支撑。

（一）发展型社会组织的功能

1. 推动乡村文化产业发展

发展型社会组织具有敏锐的市场洞察力和创新能力，能够深入挖掘乡村的历史文化、民俗风情、传统技艺等资源，将其转化为具有市场价值的文化产品和服务。例如，通过对乡村传统手工艺的挖掘和创新，开发出具有地方特色的手工艺品，既传承了传统文化，又为农民增加了收入。发展型社会组织可以通过开展培训、提供咨询等方式，培育乡村文化产业主体，如农民专业合作社、文化企业等，

帮助农民提高经营管理水平，增强市场竞争力，推动乡村文化产业的规模化、专业化发展。发展型社会组织可以积极拓展乡村文化市场，通过举办文化展览、文化旅游活动等方式，提高乡村文化的知名度和影响力，吸引更多的游客和消费者，促进乡村文化产业的发展。

2. 促进乡村文化创新

发展型社会组织能够将现代文化元素引入乡村，与乡村传统文化相结合，创造出具有时代特色的乡村文化产品和服务。例如，将现代设计理念应用于乡村传统建筑的改造，使其既保留传统特色，又符合现代审美需求。发展型社会组织能够积极推动乡村文化与科技融合，利用互联网、大数据、人工智能等现代信息技术，创新乡村文化的传播方式和表现形式。例如，通过开发乡村文化 App、举办线上文化活动等方式，让更多的人了解和体验乡村文化。发展型社会组织能够培养乡村文化创新人才，通过开展文化创意大赛、设立文化创新基金等方式，激发乡村居民的创新活力，为乡村文化振兴提供人才支撑。

3. 提升乡村居民文化素质

发展型社会组织可以开展形式多样的文化教育活动，如举办文化讲座、开展读书活动等，提高乡村居民的文化知识水平和综合素质。通过组织文化活动、成立文化社团等方式，可以培养乡村居民的文化兴趣，丰富他们的精神文化生活。例如，成立乡村舞蹈队、书法协会等，让乡村居民在参与文化活动的过程中感受到文化的魅力。发展型社会组织能够通过宣传教育等方式，促进乡村居民转变观念，树立现代文化观念和市场意识，增强他们参与乡村文化振兴的积极性和主动性。

（二）保护型社会组织的功能

1. 保护乡村文化遗产

保护型社会组织对乡村中的濒危文化遗产进行抢救性保护，如古建筑、古墓葬、传统手工艺等。通过开展调查研究、制定保护方案、争取资金支持等方式，确保这些文化遗产得到及时有效的保护。保护型社会组织致力于传承乡村传统文化，通过开展传统文化教育、培养传承人等方式，让乡村传统文化得以延续。例如，举办传统技艺培训班，培养年轻一代的传承人，确保传统技艺不失传；注重维护乡村文化生态，保护乡村的自然环境、传统村落、民俗风情等，确保乡村文化的完整性和可持续性。

2.弘扬乡村传统美德

保护型社会组织深入挖掘乡村传统美德，如勤劳勇敢、诚实守信、尊老爱幼等，将其整理成文字、图片、视频等资料，进行广泛宣传和弘扬。保护型社会组织通过开展道德教育活动，如举办道德讲堂、评选道德模范等，提高乡村居民的道德素质，营造良好的乡村社会风气。保护型社会组织积极推动乡村文明建设，通过制定村规民约、开展文明创建活动等方式，引导乡村居民养成文明的生活方式和行为习惯。

3.监督乡村文化建设

保护型社会组织对乡村文化建设中的政策执行情况进行监督，确保各项政策得到落实。例如，监督文化专项资金的使用情况、文化设施的建设情况等。对乡村中的文化破坏行为进行监督和制止，如非法拆除古建筑、破坏传统村落等。保护型社会组织通过舆论监督、法律诉讼等方式，维护乡村文化的合法权益。保护型社会组织能够推动乡村文化建设公开透明，通过信息公开、公众参与等方式，让乡村居民了解文化建设的进展情况，提高他们的参与度和满意度。

（三）发展型社会组织与保护型社会组织的关系

1.目标一致性

发展型社会组织和保护型社会组织在乡村文化振兴中具有共同的目标，即推动乡村文化的繁荣发展。发展型社会组织通过推动乡村文化产业发展、促进乡村文化创新等方式，为乡村文化振兴提供动力；保护型社会组织通过保护乡村文化遗产、弘扬乡村传统美德等方式，为乡村文化振兴奠定基础。两者相互补充、相互促进，共同为实现乡村文化振兴的目标而努力。

2.功能互补性

发展型社会组织和保护型社会组织在功能上具有互补性。发展型社会组织注重乡村文化的创新和发展，能够为乡村文化带来新的活力和机遇；保护型社会组织注重乡村文化的保护和传承，能够确保乡村文化的根基不被破坏。在乡村文化振兴的过程中，需要两者共同发挥作用，实现乡村文化的可持续发展。

3.合作协同性

发展型社会组织和保护型社会组织可以通过合作协同，实现资源共享、优势互补。例如，发展型社会组织可以为保护型社会组织提供资金支持和技术支持，帮助他们更好地开展文化遗产保护工作；保护型社会组织可以为发展型社会组织提供文化资源和创意灵感，促进乡村文化产业的发展。通过合作协同，两者可以共同推动乡村文化振兴。

（四）把握好发展型社会组织与保护型社会组织的关系

1. 加强沟通交流

发展型社会组织和保护型社会组织应加强沟通交流，建立定期沟通机制，分享经验和信息，共同探讨乡村文化振兴的策略和方法。通过沟通交流，增进彼此之间的了解和信任，为合作协同奠定基础。

2. 明确各自定位

发展型社会组织和保护型社会组织应明确各自的定位和职责，避免职能重叠和冲突。发展型社会组织应专注于乡村文化产业的发展和创新，为乡村文化振兴提供动力；保护型社会组织应专注于乡村文化遗产的保护和传承，为乡村文化振兴奠定基础。

3. 建立合作机制

发展型社会组织和保护型社会组织应建立合作机制，共同开展乡村文化振兴项目。例如，共同开发乡村文化旅游项目、共同举办文化活动等。通过建立合作机制，实现资源共享、优势互补，共同推动乡村文化振兴。

4. 加强政策支持

对于这两种组织，相关主管部门应当尽可能地为其提供资金、技术、人才等方面的支持。同时，政府应制定相关政策，鼓励发展型社会组织和保护型社会组织开展合作协同，共同推动乡村文化振兴。

五、处理好"增量"与"增质"的关系

乡村文化振兴中的"增量"主要包括以下几个方面：一是文化设施的增加，如建设乡村图书馆、文化广场、博物馆等；二是文化活动的增多，如举办文艺演出、民俗节庆活动、体育比赛等；三是文化产业的发展，如开发乡村旅游、特色手工艺品、文化创意产品等。"增量"的目的是丰富乡村文化生活，提高乡村文化的影响力和吸引力。

乡村文化振兴中的"增质"主要包括以下几个方面：一是文化内涵的挖掘和提升，如深入挖掘乡村的历史文化、民俗风情、传统技艺等，赋予乡村文化更深刻的内涵和价值；二是文化品质的提高，如提高乡村文化活动的艺术水平、文化

产品的质量和档次等；三是文化传承与创新的结合，如在传承乡村传统文化的基础上，进行创新和发展，使其适应时代的需求和发展。"增质"的目的是提升乡村文化的品质和魅力，增强乡村文化的生命力和可持续发展能力。

"增量"与"增质"在乡村文化振兴中是相互依存、相互促进的关系。一方面，"增量"是"增质"的基础。只有通过不断增加乡村文化的数量和规模，才能为乡村文化的质量和内涵的提升提供更多的资源和条件。例如，建设更多的文化设施可以为乡村居民提供更好的文化服务，举办更多的文化活动可以提高乡村居民的文化素养和参与度，发展文化产业可以为乡村文化的传承和创新提供经济支持。另一方面，"增质"是"增量"的导向。只有不断提高乡村文化的质量和内涵，才能使乡村文化的数量和规模的增加具有可持续性和发展潜力。例如，挖掘和提升乡村文化内涵可以使乡村文化更具吸引力和影响力，提高文化品质可以使乡村文化产品更具市场竞争力，传承与创新结合可以使乡村文化更具生命力和活力。

量质齐飞，乡村文化振兴才能行稳致远。

重庆綦江农民版画源于明清年间的木板年画和壁画，兴盛于二十世纪八十年代，是中国民间民族艺术的一朵奇葩，也是重庆市非物质文化遗产项目。为筑牢防返贫根基，有效巩固脱贫攻坚成果，綦江区创新推动版画融入校园、活跃村居、兴旺产业，让非遗文化飞入寻常百姓家，使更多的群众有机会接触、学习非遗技艺，激发群众内生动力，提升非遗助力乡村振兴实效。

首先，綦江区在版画融入校园方面下了大功夫。在全区近百所中小学设立创作辅导点，建立起"区版画院＋街镇综合文化服务中心＋版画学校＋农民版画村"四级人才培训网络，编辑出版《少儿版画》乡土教材，每周开设版画课。这样的举措不仅培养了孩子们的艺术素养，更为版画艺术的传承和发展储备了后备力量。

其次，綦江区通过版画活跃村居，增强群众的精神力量。版画艺术成为村民日常生活中的一部分，不仅丰富了他们的精神生活，还提升了乡村的文化氛围。版画元素的融入让乡村变得更加有艺术气息，也吸引了更多的游客前来参观和旅游。

最后，綦江区通过版画兴旺产业，借助文化惠民振兴乡村。綦江区广泛培育乡村美术技能人才，引领他们走上吃艺术饭的道路。在景区、乡村嵌入版画，增加景区体验感和艺术气息。版画创作点变成景区，版画院、版画街、版画村本身也成为景点，每年接待游客超过 50 万人次。同时，綦江区还探索农民画室模式，打造农民版画合作社，以创作、销售、培训、体验、游学等方式打造版画旅游特色项目，带动乡村振兴。

然而，綦江农民版画的发展并非一帆风顺的。在推进过程中，他们始终注重版画艺术的质量和创新，不断提升版画艺术的水平和影响力。正是这种对质量的重视，让綦江农民版画在国内外享有了很高的声誉，也成为乡村文化振兴的典范。

重庆綦江农民版画的发展充分说明了乡村文化振兴必须重视质量和创新，只有如此，才能提升乡村文化的竞争力和影响力，实现乡村文化的可持续发展。同时，这也需要政府、社会、企业等多方面的共同努力和支持，为乡村文化振兴提供有力的保障和支撑。

第二节 社会组织参与乡村文化振兴效能提升具体路径

一、培育孵化社会组织，激发乡村文化振兴内在活力

对于社会组织而言，一方面需要从外部借力，以多种方式积极参与乡村文化振兴；另一方面需要培育孵化农民自我管理的社会组织。

（一）建立农民自我管理的社会组织

农民参与乡村振兴各项事务的决策、协调过程，要让农民发挥主体作用，必然要通过各种组织来实现。因此，要培育社会组织，使其代表农民发声，让乡村振兴的各项行动体现农民的意志，符合农民的需要。各类农村社会组织应以不同的方式引导或组织农民，承担或参与乡村振兴的各种行动和任务，让农民成为产业发展、生态建设和社会管理的主体，从而增强乡村发展的内生动力。

（二）健全完善内部治理机制

根据治理理论，内部治理机制是内部治理效果的核心保障机制，包括健全的人事管理机制、科学规范的财务管理机制、民主的决策机制、有力的监督约束机制等。内部治理机制通过不断建立和完善内部各项管理制度，保证组织工作有章可循，促进组织民主健康发展。内部治理结构则是一种组织架构，其设置目的是在组织章程规范下解决非营利组织权力来自何处、权力如何分配以及权力如何制衡等一系列问题。在人事管理机制方面，选在社会上有一定声望、信誉良好的人

士做组织领导者，从而使组织天然地获得了相应的社会合法性；通过独立、权威的监事会及其专职的监督员实施监督，以出资人代表的身份监督理事和管理者的经营活动；以财务活动为重点，确保理事和管理者正确有效地行使职权；对于违反法律法规、组织章程及损害组织利益的行为，有权要求其纠正。财务管理机制主要包括刚性的财务制度、独立性的财务机构、符合职业操作规范的专业性财务操作、财务信息公开与透明。再通过完善民主决策机制，理顺社会组织整体的内部治理体系。

（三）贴近农户，充分了解农民的文化需求

来自民间的社会组织有天然的亲和力，社会组织应当充分利用自身灵活、贴近农户的特点，联络利益相关者，吸收社会资源，并充分发挥村委会、农民团体、民间组织、民间艺术传承人在乡村文化建设中的主体力量，打造以农民及农民组织为主、以政府部门为辅的乡村文化建设机制。

（四）发挥专业化和效率优势

在参与乡村文化振兴过程中，社会组织能够利用自身专业化的工作方法，如社会调研、专业倾听和激发引导等，提升村民参与文化活动的自觉性。同时，通过与政府、企业合作，社会组织能够聘请专业人才进行文化活动培训交流，提升文化活动的专业性和有效性。另外，非营利性的社会组织工作人员一般主观上具有强烈的使命感和志愿服务精神，在工作中更具激情和活力，能够带来乡村文化振兴的新气象。

长沙县开慧镇位于湖南省长沙市北部，拥有丰富的红色文化资源和深厚的文化底蕴。这里的乡村社会组织积极响应国家乡村振兴战略的号召，致力于挖掘、传承和创新乡村文化，积极扶持村民的文化创业项目。

开慧镇通过提供资金支持、技术指导、市场推广等全方位的服务，帮助村民将传统文化与现代创意相结合，开发出一系列具有市场竞争力的文化产品。例如，一些村民利用传统手工艺制作出了精美的手工艺品，这些产品不仅在当地市场上热销，还远销到外地甚至国外。经过几年的努力，开慧镇的乡村社会组织成功培育孵化了一系列乡村文化项目，这些项目不仅丰富了村民的文化生活，还带动了乡村经济的发展。同时，这些项目也提升了乡村的知名度和美誉度，吸引了更多的游客前来观光旅游，为乡村带来了更多的发展机遇。更重要的是，通过参与文化项目的培育和孵化，村民对传统文化的认识和热爱得到了增强，乡村文化的凝聚力和向心力也得到了提升。

二、深化融合，打造乡村文化振兴开放式平台

乡村社会组织扮演着文化传承者、创新者和服务者的多重角色。它们依托自身优势，整合社会资源，为乡村居民提供多样化的文化产品和服务。同时，社会组织还要积极参与乡村治理，推动乡村文化的自我更新和持续发展。

（一）挖掘本土资源

乡村社会组织通过深入调研和采集资源数据，能够利用自身贴近基层和群众的优势，深入挖掘本土文化资源，如传统手工艺、民俗活动、历史故事等，通过整理、研究、展示等方式，让这些文化瑰宝焕发新的生机。同时也可以与政府文旅部门联合打造特色旅游文化资源。

（二）创新传播方式

乡村社会组织要充分利用现代信息技术手段，创新文化传播方式，拓宽文化传播渠道。它们通过建立官方网站、微信公众号、抖音账号等新媒体平台，发布文化资讯、举办线上活动，吸引更多年轻人关注和参与乡村文化建设。同时，乡村社会组织还可以利用数字技术对传统文化进行数字化保护和展示，如建设数字博物馆、打造虚拟现实体验项目等，让传统文化以更加生动、直观的形式呈现给公众。

（三）搭建服务平台

乡村社会组织积极搭建文化服务平台，为乡村居民提供多样化的文化服务。它们可以通过建设文化广场、图书室、文化大院等基础设施，为乡村居民提供学习、娱乐、交流的场所。同时，乡村社会组织还可以组织各种文化活动，如文艺演出、技能培训、讲座论坛等，丰富乡村居民的精神文化生活。此外，乡村社会组织还要注重培育乡村文化人才，通过培训、扶持等方式，帮助乡村居民掌握一技之长，成为乡村文化建设的生力军。

（四）推动产业发展

乡村社会组织还应积极推动文化产业的发展，将文化资源转化为经济优势。它们通过引导农民发展特色种植业、手工艺品制作业等产业，打造具有地域特色的文化品牌。同时，乡村社会组织还加强与市场的对接，通过电商平台、文化旅游等方式，将乡村文化产品推向更广阔的市场。这不仅促进了乡村经济的繁荣，也为乡村文化的传承和发展提供了有力的经济支撑。

　　湖南省常德市桃花源区"乡村文化旅游云服务技术集成与应用示范"项目，属于国家重点研发计划"现代服务业共性关键技术研发及应用示范"重点专项，从乡村文旅可持续发展理论出发，研制地图影像展示与服务、商业智能分析与服务的关键技术与工具，实现云服务技术集成，搭建开放式乡村文化旅游综合服务云平台，并在美丽乡村与特色小镇开展应用示范与验证，从而为乡村文化旅游注入发展活力。

　　2023 年，桃花源项目应用示范片签约授牌，提出以桃花源景区为核心，带动周边的美丽乡村建设，通过质惠游湖南平台销售推广当地的农特产品，同时发掘有特色的 IP，做好宣传推广和模式创新。该项目由武汉大学、电子科技大学、中国测绘科学研究院、北京大有中城科技有限公司等多家单位共同参与。桃花源区围绕"文旅强区、生态美区"战略，一手抓重点项目，一手抓乡村旅游发展，不断培育新消费业态。

　　2024 年 3 月 28 日，在汤家山村"桃花源里好耕田"农旅体验活动现场，5000 多位观众和媒体记者共同逛春集、品擂茶，体验春日美好。桃花源景区还推出桃花·原乡、桃喜山谷、云舍风俗文化村等新项目。近千名与会嘉宾在桃花·原乡观看《桃花源记》里"设酒杀鸡作食"的生活，于云舍风俗文化村体验古代婚嫁习俗，漫步桃喜山谷感受亲子嬉游之乐。此外，桃花源景区还引进了无忧传媒集团，通过在桃花源建立 IP 矩阵、引入无忧达人、产品植入、启动电商直播等方式，不断孕育出全新旅游消费动能，为旅游业高质量发展按下"加速键"。

三、精耕细作，走乡村文化振兴差异化发展道路

　　社会组织要坚持从顶层设计入手，结合乡村需求评估自身优势，找准差异化方向，做好方案规划和成果评价。"千里不同风，百里不同俗。"乡村文化因其地理位置、资源禀赋、历史渊源的不同而千差万别，各具特色。全国如此，一个省甚至一个市（县）也是如此。乡村文化振兴，应科学把握各地差异和特点，坚持因地制宜、因时制宜，坚持精准施策、分类推进，不搞"一刀切"，不搞统一模式。对资源禀赋丰裕、产业支撑较强、集体经济实力雄厚的乡村，应坚持高点定位，立足良好经济基础和资源优势，高标准打造文化振兴示范样板，全面培育文明乡风、良好家风、淳朴民风。对文化底蕴深厚、历史悠久、风貌独特的特色资源类乡村，要统筹保护、利用与发展的关系，保护历史文化资源和传统建筑，传承民风民俗和生产生活方式，探索设立村庄建设保护红线，推动特色资源保护与

村庄发展良性互促。对产业基础薄弱、生产生活条件急需改善、空心化比较严重的乡村，应以完善基层公共文化设施、改变乡村精神文化面貌、提振人气、增添活力为重点，大力实施文化惠民工程，丰富群众精神文化生活，保障文化民生。①

乡村文化是中华文化的重要组成部分，具有丰富的内涵和多样的表现形式。在乡村振兴的大背景下，各地积极探索乡村文化差异化发展道路，充分挖掘当地独特的文化资源，取得了显著成效。不同的乡村依据自身的历史、地理、民俗等特点，走出了各具特色的文化发展之路，为乡村经济社会发展注入了强大动力。

【案例一】河南省登封市美丽乡村建设

背景：1982年，电影《少林寺》上映后，少林寺名扬天下，在世界各地的年轻人心中种下了一个功夫梦。中岳嵩山的秀美风景、千年古刹的壮丽巍峨、佛教文化的博大精深，都在影片中有很好的体现。少林寺所在地登封市，在少林寺的影响下确立了旅游立市的战略方向。

差异化发展：登封市依托少林寺这一独特的文化资源，深入挖掘与拓展"乡愁"品牌建构主题，通过美丽乡村建设，将自身打造成为别具风格的旅游目的地。

成果：登封市不仅提升了乡村的整体风貌，还吸引了大量游客前来观光旅游，带动了当地经济的发展。

【案例二】山东省费县薛庄镇马头崖社区乡村振兴

背景：马头崖社区位于费县薛庄镇人民政府驻地北10公里处，是大青山胜利突围战旧址所在地。改革开放之初，该村老年人自发成立愚公队，治理荒山、垒石堰、栽植树木，获得了"整山造林愚公队林业先进集体"的称号。

差异化发展：

①红色文化传承。马头崖社区致力于红色基因代代相传，在红色资源开发利用上开拓创新，将大青山党性教育基地打造成为远近闻名的"红色地标"。

②生态与产业并进。马头崖社区依托前期打下的生态和资源基础，探索"村集体＋企业＋农户"的路子，引入社会资本，统一运营管理，大力发展乡村旅游、休闲采摘。

③组织振兴。马头崖社区坚持党建引领，打破行政村壁垒，联合周边村庄抱团发展，整合组织议事、致富培训、便民服务和群众文娱等资源，优化服务功能。

成果：马头崖社区不仅保留了红色文化和生态资源，还通过产业发展实现了乡村振兴，提高了村民的生活水平。

---

① 王磊. 乡村文化振兴的国学思考［N］. 光明日报，2018-07-07（11）.

【案例三】浙江丽水松阳陈家铺村文创基地建设

背景：陈家铺村位于浙江省丽水市松阳县，拥有优质的高山白茶资源和丰富的历史文化底蕴。

差异化发展：

①文创产品开发。陈家铺村以先锋平民书局为依托，开发各类文创产品，如高山白茶相关的文创空间等。

②创意IP引领。在创意IP的引领下，陈家铺村盘活闲置民宿资源，引入专业团队落户度假办公空间、精品民宿、艺术家工作室等人文创意精神文化场所项目。

③文化传承与展示。陈家铺村成为展示当地历史文化、风土民俗的重要平台，吸引了大量游客和文化工作者前来参观和交流。

成果：陈家铺村通过文创基地的建设，不仅传承和弘扬了当地文化，还带动了乡村旅游和经济的发展，形成了独特的乡村文化景观。

这三个案例展示了乡村文化项目培育的差异化发展路径，包括依托独特文化资源、红色文化传承与生态产业并进、文创产品开发与文化传承展示等。这些差异化发展策略不仅提升了乡村的整体风貌和文化内涵，还带动了当地经济的发展和村民生活水平的提高。

四、注重可持续，"一张蓝图绘到底"

课题组在调研走访过程中发现一个令人困惑的现象：很多村庄年复一年地实施文化项目，却往往看不到明显的变化。究其原因，在于资源投入分散，未能产生规模效益。如果将资源集中投放，并坚持久久为功，不断注入持续发展的动力，就能让乡村的文化效益靠自我驱动加以提高。

乡村文化项目的实施往往需要一个长期、稳定且科学的规划，以确保"一张蓝图绘到底"，避免频繁变动和"折腾"。下面案例中的袁家村在文化生态保护上坚持规划引领，实现了持续、稳定的发展。

袁家村，一个曾经的"空心村"，如今已成为"关中民俗第一村"，其背后的文化振兴之路充满了社会组织"一张蓝图绘到底"的坚持与智慧。袁家村的成功不仅在于其经济的发展，更在于其对乡村文化的深度挖掘与传承，为乡村文化振兴提供了一个生动的案例。

袁家村位于陕西省咸阳市礼泉县烟霞镇，地理位置相对偏远，但拥有丰富的历史文化资源。然而，在多年前，袁家村却面临着人口流失、经济落后、文化失传等多重困境。为了改变这一现状，袁家村党支部书记郭占武带领村民，以支部为核心，以村民为主体，以创新谋发展，以共享促和谐，开启了袁家村的振兴之路。

袁家村的振兴蓝图从一开始就明确了以乡村旅游为突破口，打造农民创业平台，以组建合作社为切入点，实现三变（资源变资产、资金变股金、农民变股东），以三产带二产促一产，实现三产融合发展。这一蓝图不仅涵盖了经济、社会、文化等多个方面，而且具有高度的前瞻性和可操作性。

袁家村首先利用自身的历史文化资源，打造了一系列以关中民俗为主题的旅游景点和体验项目。如袁家村关中印象体验地，这里不仅还原了关中地区的传统建筑风貌，还引入了手工作坊、民俗表演等互动体验项目，让游客能够亲身体验到关中文化的魅力。同时，袁家村还大力发展农家乐、民宿等乡村旅游服务业，为游客提供了丰富的住宿和餐饮选择。为了激发村民的创业热情，袁家村成立了多个农民专业合作社，如花生合作社、养殖合作社等，为村民提供了技术培训、资金支持等全方位的服务。这些合作社不仅帮助村民实现了就业和增收，还促进了袁家村特色农产品的生产和销售。此外，袁家村还吸引了大量年轻人返乡创业，他们利用互联网和电子商务等现代手段，将袁家村的特色农产品推向全国市场。袁家村在发展过程中，始终坚持三产融合发展的理念。通过乡村旅游的发展，带动了餐饮、住宿、购物等第三产业的繁荣；通过农民专业合作社的成立，促进了农业（第一产业）的现代化和规模化；通过特色农产品的加工和销售，推动了第二产业的发展。这种三产融合的发展模式，不仅提高了袁家村的经济效益，还增强了其文化软实力。

在"一张蓝图绘到底"的指引下，袁家村的文化振兴取得了显著的成效。在发展过程中，袁家村始终注重传统文化的传承与创新，不仅保留了关中地区的传统建筑风貌和民俗活动，还通过现代手段对其进行了创新和提升。如袁家村关中印象体验地内的手工作坊，不仅展示了传统的手工艺技艺，还引入了现代的设计理念和营销手段，让传统手工艺焕发出了新的生机。随着袁家村经济的发展和文化的繁荣，村民的文化自信也得到了极大的提升。他们开始更加珍视自己的传统文化和乡土情怀，积极参与各种文化活动和社会公益事业。同时，袁家村还吸引了大量游客和外来投资者前来参观和学习，进一步推动了乡村文化的复兴和传播。袁家村的文化振兴还带动了文化产业的兴起与发展。袁家村利用自身的文化资源和旅游资源，开发了一系列文化创意产品和旅游纪念品，如关中民俗工艺品、特色农产品等。这些产品不仅丰富了袁家村的文化内涵，还为其带来了可观的经济效益。

袁家村的成功实践充分证明了社会组织"一张蓝图绘到底"在促进乡村文化振兴中的重要作用。通过明确的发展目标、科学的发展规划和坚定的实施力度，袁家村不仅实现了经济的快速增长和社会的全面进步，还推动了乡村文化的深度挖掘和广泛传播。袁家村的经验对于其他乡村地区来说具有重要的借鉴意义，它告诉我们：只有坚持规划先行、文化引领、产业支撑的发展理念，才能实现乡村的全面振兴和可持续发展。

五、创新驱动，与乡村全面振兴融合发展

随着时代的发展，文化创意作为一种特有的"生产要素"，与土地、劳动力和资本等传统要素一样，日渐成为乡村产业振兴的关键因素。一个好的文化创意，往往能够推陈出新、点石成金，把沉睡的乡村文化资源唤醒，实现十倍百倍的增值效应。同时，文化创意具有强渗透、强关联的效应，可以与乡村一二三产业融合发展，提升乡村产业附加值。比如，文化创意可以与农业融合，发展田园综合体、休闲农场、乡村营地、农业庄园等；可以与乡村建设融合，发展乡村特色文化公园、乡村文化生态博物馆、艺术村等；可以与制造业融合，发展草柳编、中国结、工艺品生产等；可以与旅游业融合，发展乡村文化旅游，特别是对历史文化名村和传统古村落来说，文化旅游发展空间巨大，效益显著。文化创意日益成为乡村经济高质量发展的新动能。[①]

连平县位于广东省河源市，地处粤北山区地带，地理位置优越，被誉为"广东的香格里拉"。然而，由于历史原因和地理条件限制，连平县的经济社会发展相对滞后，乡村文化面临传承断层和活力不足的问题。如何激活乡村文化，推动乡村振兴，成为连平县面临的重要挑战。为了应对这一挑战，连平县积极创新，实施了一系列的振兴举措，涵盖了模式创新、规划引领、产业融合等多个方面。

模式创新：打造连平乡村振兴 5.0 模式。连平县在乡村振兴过程中，创新性地提出了连平乡村振兴 5.0 模式。该模式以持续运营为导向，将区域内的农业资源、交通资源、文化资源、旅游资源等整合起来，建设乡村振兴示范带。通过绿道、碧道串联，形成集乡村体验、研学旅游、红色教育于一体的乡村精品路线，打造"有颜值、有文化、有气质、有效益、有共荣"的乡村振兴新示范。

规划引领：全域旅游与乡村振兴的深度融合。连平县将全域旅游与乡村振兴紧密结合，制订了详细的乡村振兴与全域旅游总体规划，明确了发展目标和路径。

---

① 戚晨. 突出本土味道 打造"流量"场景［N］. 经济导报，2024-01-22（003）.

通过规划引领，连平县南部片区乡村振兴示范带得以快速推进，形成了一条集现代农业、美丽乡村、红色教育、乡村旅游于一体的精品路线。

产业融合：一二三产业的融合发展。在产业层面，连平县积极推动一二三产业的融合发展。连平县利用恒大闲置资产，将其改造成为连平招商品牌中心，引进网红民宿、萌宠乐园、研学营地、智慧农业等新业态。同时，连平县还大力发展现代农业，建设粤港澳大湾区"菜篮子"生产基地和省市级"菜篮子"基地，推动农业产业转型升级。

文化活化：打造乡村文化IP。连平县在乡村文化振兴过程中，注重文化IP的打造。围绕"灯舞连平"这一文化品牌，连平县构建了文创产品、文创空间等支撑体系。通过举办灯舞文化节、文创产品设计大赛等活动，提升了"灯舞连平"的知名度和影响力。同时，连平县还积极挖掘和保护当地非物质文化遗产，如忠信花灯、粤赣古驿道等，为乡村文化振兴注入了新的活力。

研学撬动：打造乡村研学体系。连平县面向周边50万研学群体，提供非遗文化、自然教育、红色研学三大类主题研学内容体验。通过打造乡村研学体系，连平县不仅丰富了乡村旅游的内涵，还提升了乡村文化的传播力和影响力。

数字化：科技赋能乡村文化振兴。在数字化时代，连平县积极探索科技赋能乡村文化振兴的新路径。他们利用人工智能、物联网和云计算等技术，实现乡村文化遗产的数字化保存和展示。同时，连平县还推动数字乡村建设，提供数字文旅运营服务，为乡村文化振兴提供了强有力的技术支撑。

成效：经过几年的努力，连平县乡村振兴示范带建设取得了显著成效。南部片区乡村振兴示范带已基本建成，现代农业加速发展，农产品品牌影响力不断提升。同时，乡村旅游也呈现出蓬勃发展的态势，吸引了大量游客前来观光旅游。在乡村振兴示范带的引领下，连平县乡村文化振兴取得了显著成效，乡村文化活力得到激发，乡村社会文明程度不断提高。

启示：首先，创新驱动是乡村振兴的关键。只有不断创新发展模式，才能推动乡村振兴不断向前发展。其次，规划引领是乡村振兴的重要保障。通过科学规划，可以明确发展目标和路径，确保乡村振兴各项工作有序推进。最后，文化振兴是乡村振兴的重要内容。只有深入挖掘和保护乡村文化，才能激发乡村文化活力，推动乡村社会文明进步。

第三节 结论

本书主要围绕社会组织参与乡村文化振兴的相关实践与效能问题展开。研究发现：

第一，随着乡村振兴战略的持续推进，社会组织在其中扮演的角色愈发关键。它们不仅是乡村振兴不可或缺的积极参与者和有力推动者，还肩负着搭建政府、市场与农民之间沟通桥梁的重任。

第二，社会组织参与乡村文化振兴效能指标具有重要价值，可以聚焦五个主要指标进行构建，其中资源投入是动力，治理结构是框架，服务能力是核心，公众参与度和满意度是目标。乡村文化振兴效能指标体系的良性构建有助于评估和提升社会组织在农村公共文化服务中的效能，促进乡村文化振兴。

第三，社会组织参与乡村文化振兴效能分析，就是以农民公共文化需求为导向，分析社会组织在其中的供给角色与发挥功能的空间。

第四，社会组织参与乡村文化振兴取得实践成效的同时，也陷入了一定的困境，包括文化活动形式较为单一、群众参与主动性低、载体建设亟须创新、社会资源要素下乡通道不够畅通、社会组织自身建设水平有待提升、政府支持度尚待加强等。

第五，社会组织参与乡村文化振兴效能提升需处理好五种关系，具体提升路径可以参考实践中的典型案例，重点加强五个方面：培育孵化社会组织，激发乡村文化振兴内在活力；深化融合，打造乡村文化振兴开放式平台；精耕细作，走乡村文化振兴差异化发展道路；注重可持续，"一张蓝图绘到底"；创新驱动，与乡村整体振兴融合发展。

参考文献

［1］ 萨瓦斯 . 民营化与公私部门的伙伴关系 [M]. 周志忍，译 . 北京：中国人民大学出版社，2002.

［2］ 奥斯特罗姆 . 公共服务的制度建构 [M]. 毛寿龙，译 . 上海：上海三联书店，2000.

［3］ 陈晓宇 . 社会力量参与乡村文化振兴的实践困境与出路探索 [J]. 乡村科技，2021，12（33）：13-15.

［4］ 宋煜萍 . 权重结构：公众参与政府绩效评估的核心问题 [J]. 领导科学，2018（13）：21.

［5］ 张良 . 政府主导、社会参与、市场配置：农村公共文化服务体系建设的理想模式 [J]. 理论与现代化，2012（4）：25-30.

［6］ 夏国锋，吴理财 . 公共文化服务体系研究述评 [J]. 理论与改革，2011（1）：156-160.

［7］ 刘艳丽，胡旭昌 . 网络治理视域下社会组织介入城市低保运作模式的路径研究 [J]. 山东社会科学，2011（3）：54-59.

［8］ 刘艳丽，任晓敏 . 民间商会的慈善参与机制研究：社会资本的视角 [J]. 广西社会科学，2010（1）：120-124.

［9］ 巩村磊 . 农村公共文化服务体系构建的价值取向及其现实意义 [J]. 理论学刊，2014（1）：100-104.

［10］ 胡守勇 . 公共文化服务效能评价指标体系初探 [J]. 中共福建省委党校学报，2014（2）：45-51.

［11］ 付春 . 新农村公共文化服务体系建设及其基本思路 [J]. 农村经济，2010（4）：105-109.

［12］ 刘华兰 . 探索农村公共文化服务体系建设的新路子 [J]. 理论学习，2008（2）：35-36.

［13］刘彦武 . 乡村文化振兴的顶层设计：政策演变及展望 [J]. 科学社会主义，2018（3）：123-128.

［14］李颖 . 新农村文化与公共文化服务体系构建 [J]. 大众文艺，2011（6）：153-154.

［15］杨泽喜 . 县域公共文化服务效能建设现状与提升路径 [J]. 湖北理工学院学报（人文社会科学版），2017，34（5）：54-59.

［16］熊英 . 新型城镇化视域下农村公共文化服务体系的构建 [J]. 农业经济，2015（11）：45-46.

［17］周素萍，赵京华，张亦明，等 . 我国农村公共服务体系的建立及完善 [J]. 农业经济，2010（8）：29-31.

［18］谢婧 . 我国公共数字文化服务现状探讨 [J]. 赤峰学院学报（自然科学版），2016，32（12）：198-201.

［19］王锰，陈雅，郑建明 . 公共数字文化服务效能的关键影响因素及其机理研究 [J]. 中国图书馆学报，2018，44（3）：35-51.

［20］陈前恒，方航 . 打破"文化贫困陷阱"的路径：基于贫困地区农村公共文化建设的调研 [J]. 图书馆论坛，2017，37（6）：45-54.

［21］马君昭 . 新时期乡镇政府职能转变问题研究 [J]. 中州学刊，2017（7）：8-12.

［22］贺雪峰 . 谁的乡村建设：乡村振兴战略的实施前提 [J]. 学术探索与争鸣，2017（12）：71-76.

［23］张妍妍 . 基层综合性文化服务中心建设的佛山实践 [J]. 图书馆论坛，2018，38（6）：9-10.

［24］时丹丹，王琪 . 哈尔滨市公共文化服务供给优化对策研究：基于新公共服务理论视角 [J]. 北方经贸，2019（9）：1-3.

［25］赖作莲 . 西部农村公共文化服务效能评价及提升对策研究 [J]. 北方经济，2019（7）：65-69.

［26］苏祥，周长城，张含雪 . "以公众为导向"的公共文化服务绩效评估：理论基础与指标体系 [J]. 黑龙江社会科学，2016（5）：85-90.

［27］张东晖 . 数字经济时代跨境电商高质量发展策略 [J]. 经济研究导刊，2024（5）：58-60.

［28］侯永润 . 乡村振兴战略下社会组织对乡村文化的价值 [J]. 经济研究导刊，2021（27）：21-23.

[29] 于秀琴，叶子，王洪军，等.社会组织参与乡村振兴的困境及破解策略：以X省为例[J].山东工商学院学报，2023，37（4）：99–108.
[30] 郑观蕾，蓝煜昕.渐进式嵌入：不确定性视角下社会组织介入乡村振兴的策略选择——以S基金会为例[J].公共管理学报，2021，18（1）：126–136.
[31] 尹秀芹，王猛.社会组织有效嵌入乡村振兴的影响因素分析：以广东省“双百”为例[J].中共青岛市委党校青岛行政学院学报，2019（5）：31–36.
[32] 张双娜，黄凤梅，杨楠.社会组织参与乡村振兴面临的困境与可行性路径：以齐鲁样板吕艺公益项目为例[J].农村经济与科技，2023，34（7）：121–123.
[33] 孙其光，王雪芹，王虹，等.台儿庄区打造乡村振兴“齐鲁样板”的实践与思考[J].上海农业科技，2023（6）：1–3.
[34] 张松梅.青岛市打造乡村振兴“齐鲁样板”的思考：山海关论坛第2期“乡村振兴攻势”会议综述[J].中共青岛市委党校青岛行政学院学报，2020（6）：126.
[35] 王平，贺连民，侯春玲.齐鲁文化资源对乡村文化振兴的实践意义[J].乡村论丛，2023（4）：35–41.
[36] 杨义凤.发挥好社会组织在乡村振兴战略中的作用[J].农村·农业·农民（B版），2019（14）：39–40.
[37] 成婷，陶有祥.“五个振兴”：乡村振兴战略的路径选择[J].社科纵横，2018，33（9）：16–19.
[38] 柴陈云.乡村振兴大背景下整合乡村振兴力量的思考[J].管理观察，2018（23）：62–63.
[39] 刘碧，王国敏.新时代乡村振兴中的农民主体性研究[J].探索，2019（5）：116–123.
[40] 朱亚坤.乡村振兴战略背景下的农民主体关系探究[J].青年探索，2019（3）：5–14.
[41] 李华.乡村振兴中的农民主体分析[J].南方农业，2018，12（29）：96–98.
[42] 罗哲，唐迩丹.农村公共文化服务的结构转型：从“城市文化下乡”到“乡村文化振兴”[J].四川师范大学学报（社会科学版），2019，46（5）：129–135.
[43] 吴理财，解胜利.文化治理视角下的乡村文化振兴：价值耦合与体系建构

[J]. 华中农业大学学报（社会科学版），2019（1）：16–23.

［44］陈建 . 乡村振兴中的农村公共文化服务功能性失灵问题 [J]. 图书馆论坛，2019，39（7）：42–49.

［45］冯如，孟君，王思刚 . 潍坊市农村公共文化设施建设使用情况调查 [J]. 山东经济战略研究，2018（7）：10–13.

［46］李明林，刘敏岚 . 乡村振兴战略下农村公共文化服务存在的问题与对策 [J]. 农村经济与科技，2019，30（7）：241–242.

［47］刘彤 . 基于 SFIC 模型的济南市 S 区乡村治理主体协同共治问题研究 [D]. 济南：山东大学，2022.

［48］李现阁 . 山东省农村公共文化服务供给中的问题及对策研究 [D]. 沈阳：东北大学，2012.

［49］王俞巧 . 文化类农村社会组织对乡村文化的作用及其经验对策分析：以剡西诗社为例 [D]. 金华：浙江师范大学，2016.

［50］Nathan W. Burke, Russell Bonduriansky. The Construction of Modern Public Cultural Service System and the Development of Public Libraries：An Analysis about the Views on Accelerating the Construction of Modern Public Cultural Service System[J].Philosophical Transactions of the Royal Society B-Biological Sciences，2018，37（3）：17–57.

［51］Akira Kato，L. Monika Moskal，Jonathan L.Batchelor，et al. The Construction of Modern Public Cultural Service System and the Development of Public Libraries：An Analysis about the Views on Accelerating the Construction of Modern Public Cultural Service System[J].Forests，2019，10（5）：166–178.

［52］Linnea R. Meier，Yunfan Zou，Jocelyn G. Millar. The Strange Case of Cultural Services：Limits of the Ecosystem Services Paradigm[J].Journal of Chemical Ecology，2017，43（1）：289–310.

［53］M. Baudena，S. C. Dekker，P. M. van Bodegom.On the Multiple Subjects' Supply of Public Cultural Services in Rural Areas of Western China[J]. Biogeosciences，2015，12（6）：158–172.

［54］M. Schootman，L. Chien，S. Yun，et al. Research on the Equalization of Public Cultural Services in Rural Areas of China：Current Situation，Problems and Countermeasures[J].BMC Public Health，2016，16（1）：37–42.

[55] Linnea R. Meier，Yunfan Zou，Jocelyn G. Millar. Inclusive Development：The Mode of Equalization of Basic Public Cultural Service in Chinese Urban and Rural Areas[J]. Journal of Chemical Ecology，2016，42（11）：66–82.

[56] Piotr Robakowski，Ernest Bielinis，Jerzy Stachowiak，et al. Research on the Construction of Public Cultural Service Facilities in Urban Communities[J]. Journal of Chemical Ecology，2016，42（3）：146–163.

附　录

附录 A　调查问卷

山东省乡村文化振兴状况调查问卷

尊敬的女士 / 先生：

　　您好！我们是济南大学乡村文化振兴调研组的。为全面摸清摸透山东省乡村振兴背景下农村公共文化服务开展状况，更好地为农村公共文化服务决策提供参考，在此进行这项调查。本次调查采取无记名的方式进行，大约耽误您 10 分钟时间。您的回答没有是非对错之分，对于您的回答我们将严格保密，请放心回答我们的问题。

　　谢谢您的支持与合作！

济南大学政法学院专题调研课题组

住户处所

地址：＿＿＿市（县、区）＿＿＿街道（乡镇）＿＿＿行政村＿＿＿自然村 / 村民小组

调查情况

第一受访者姓名：＿＿＿＿＿＿＿＿

访谈员：＿＿＿＿＿

访谈日期：＿＿＿年＿＿＿月＿＿＿日

1. 您的性别是 A. 男　B. 女

1.1 您的年龄是 _____（请注明）

2. 您的文化程度是

A. 文盲　B. 小学　C. 初中　D. 高中　E. 大专　F. 大专以上

3. 据您了解，您所在地村委会及其他组织提供了以下哪些公共文体设施？[多选题] A. 农家书屋 / 图书室　B. 电子阅览室　C. 文化站 / 文化大院　D. 体育健身器材　E. 村史展馆　H. 其他活动中心（幸福之家等）

3.1 上述活动设施您半年内使用最多的三个是 _____

4. 您所在社区（村）开展了以下哪些乡村文化振兴公共服务？（多选题）

A. 红白事移风易俗　B. 儒学讲堂 / 国学学堂　C. 就业技能培训　D. 送戏下乡　E. 电影放映　F. 其他文艺演出　G. 科普讲座 / 民生政策宣讲　H. 家长学校 / 学堂 I. 其他（请注明 _____）

4.1 上述公共服务您最感兴趣的三项是 _____

4.2 您对目前上述公共服务的提供效果满意吗？

A. 非常满意　B. 满意　C. 比较满意　D. 不满意　E. 非常不满意

5. 您的村里有哪些特色旅游资源？（多选题）

A. 可开发的古村落　B. 名胜古迹　C. 名人文化资源　D. 村史展馆　E. 节庆赛事（丰收节等）　F. 传统民俗（庙会等）　G. 红色旅游　H. 农业生态园　I. 编织等手工艺　J. 其他（请注明 _____）

5.1 上述选项由社会组织（或文化研究单位、旅游公司）参与开发、经营、管理的有 _____

6. 目前您在村里参加了哪些社会组织？（可多选）

A. 从未参加　B. 老年人协会　C. 广场舞队　D. 红白理事会　E. 铜锣鼓队　F. 志愿者组织　G. 其他（请注明 _____）

7. 您的家庭是否需要下列公共文化服务项目？

序号	服务项目	选项
1	种植、养殖技术培训	A. 是，已由 _____ 提供　B. 否
2	就业创业技能培训与指导（如电商等）	A. 是，已由 _____ 提供　B. 否
3	解决孩子入托、入学问题	A. 是，已由 _____ 提供　B. 否
4	小学生课后托管 / 平时作业辅导 / 寒暑假辅导托管	A. 是，已由 _____ 提供　B. 否

序号	服务项目	选项
5	孩子兴趣特长学习	A. 是，已由 _____ 提供　B. 否
6	家庭教育指导 / 家长学堂	A. 是，已由 _____ 提供　B. 否
7	科普教育 / 民生政策宣讲	A. 是，已由 _____ 提供　B. 否
8	传统文化、手工艺保护传承	A. 是，已由 _____ 提供　B. 否
9	广场舞指导	A. 是，已由 _____ 提供　B. 否
10	儒学讲堂、国学学堂	A. 是，已由 _____ 提供　B. 否
11	红白事新办、移风易俗	A. 是，已由 _____ 提供　B. 否
12	送戏下乡、文艺演出	A. 是，已由 _____ 提供　B. 否
13	其他 1（请注明 _____）	A. 是，已由 _____ 提供　B. 否
14	其他 2（请注明 _____）	A. 是，已由 _____ 提供　B. 否

8. 您过去的一年之内去过文化站或农家书屋（公共图书馆）吗？

A. 不知道有　B. 知道有，没去过　C. 去过 1～5 次　D. 去过 6 次以上

9. 您对（农家书屋、文化站、公共图书馆）的书籍品种满意吗？

A. 非常满意　B. 满意　C. 比较满意　D. 不满意　E. 非常不满意

10. 您一年之内去看过村里（社区）放映的免费公益电影吗？

A. 每一场都看（7～8 场）　B. 大部分都看过（4～6 场）　C. 偶尔看（1～3 场）　D. 没看过　E. 没有免费电影　F. 村里没有放映场地

11. 放映单位或放映员是否征求群众意见？

A. 征求了，放映了爱看的电影　B. 征求了，没有放映爱看的电影　C. 没有征求　D. 不清楚

12. 您不去或很少去看电影的原因是什么？

A. 没人通知放映时间　B. 更喜欢在家看电视　C. 对影片不感兴趣　D. 农忙的时候或恶劣天气放映，不愿去

13. 您所在的村一年之内是否有过戏曲演出？

A. 有　B. 没有

14. 您没去看村里演出的戏曲的原因是什么（多选题）？

A. 不喜欢戏曲　B. 演出的戏曲品种、内容不喜欢　C. 喜欢在家里看电视　D. 没人通知，不知道

15. 您觉得目前的公共文化服务在数量上能否满足您的需求？

A. 完全能满足　B. 能满足　C. 一般　D. 不能满足　E. 完全不能满足

16. 您日常生活中做得较多的事情是什么？（可多选）

A. 再打一份零工　B. 做家务　C. 活动锻炼、打牌娱乐　D. 陪孩子学习　E. 自己学习培训　F. 看电影／演出　G. 参与村里公共事务　H. 其他（请注明：_____）

17. 您觉得乡村文化振兴对您个人生活的重要程度如何？

A. 非常重要　B. 重要　C. 一般　D. 不重要　E. 完全不重要

18. 您对您所在地乡村文化振兴公共服务整体感觉如何？

A. 非常满意　B. 满意　C. 比较满意　D. 不满意　E. 非常不满意

19. 您认为在乡村文化振兴政策制定及公共文化服务提供方面，社会组织（红白理事会、老年人协会、社工组织、志愿者组织、三下乡服务队、乡村振兴服务队、非遗文化及红色基因传承队伍、庄户剧团、文艺团体）和村民参与重要吗？

A. 非常重要　B. 重要　C. 比较重要　D. 不重要　E. 完全不重要

20. 您认为村里乡村文化振兴公共服务方面还有哪些不足和困难？（可多选）

A. 缺少活动设施，档次需要提高　B. 缺乏活动场地　C. 设施场地不经常开放　D. 缺乏专业化指导　E. 缺乏专门的组织　F. 缺乏专业人才　G. 其他（请注明_____）

21. 对村里的乡村文化振兴公共服务方面有什么建议？

附录 B　访谈提纲

社会组织负责人访谈提纲 _____村

访谈对象：包括但不限于红白理事（移风易俗）会、老年人协会、社工组织、志愿者组织、三下乡服务队、乡村振兴服务队、非遗文化及红色基因传承队伍、庄户剧团、文艺团体等。

1. 介绍一下社会组织的名称、组织架构、人员组成和数量、服务内容。

2. 社会组织开展活动的资金（包括参加人员的报酬）来源有哪些？

（政府补贴、社区补贴、政府购买服务、自筹、收费、承包经营）

3. 组织是否有独立的办公场所？是否有公共活动场地？谁提供的？（政府、村委会提供，租赁，免费借用）

4. 开展了哪些乡村振兴活动？具体如何做的？效果如何？

活动内容：设施、文化活动、乡风文明（移风易俗）、非遗保护（村史展馆、乡村记忆）、文艺创作、儒学下乡、文化讲堂、宣讲协会、农家书屋捐助、红色基因传承、老年人文化活动、文化旅游产业、乡土校本课程开发等。

效果评价指标：是否讲透彻、讲明白；满意度；产品、服务形式、服务效率（数量、频次、质量）、重复购买率；需求表达、决策、供给参与度、服务能力、项目管理能力等方面。

5. 还存在哪些困难和问题？

6. 希望和建议。

乡镇文化站、村镇负责人访谈提纲 _____村

1. 本地的特色文化资源有哪些？

文化产业：本村有哪些传统文化、古村落、节日庆典、庙会等非遗文化及特色旅游资源？（文化遗产、节庆赛事、修学研习、养生文化、民俗文化、名人文化等方面进行创意开发）乡村特色产业，如文化品牌乡村旅游、农家乐、采摘园、工艺品编织、书画、雕塑等。文化企业对村民致富、文化提升的作用体现在哪些方面？

2. 文化振兴方面还有哪些公共文化服务设施和活动？

村图书室、农家书屋、电子阅览室、文化礼堂、文化综合活动中心（文化大院）、道德讲堂、儒学讲堂。村史展览、文体活动、非遗保护、志愿者组织、庄户剧团、文艺团体、民间文艺展演、广场舞大赛、送戏下乡、国学学堂、电影放映等各类文化活动。

文化服务设施建设、管理、使用、开放、利用率，以及文化活动开展情况。

3. 以上设施或活动哪些是社会组织（文化演出活动组织、人才队伍、志愿者组织）参与捐赠或管理的？效果如何？村民满意吗？效率（数量、频次、质量）、重复购买率；需求表达、决策、供给参与度、服务能力等方面，如文艺下乡含金量（百姓需求，送戏送电影质量，送文化频率、种类，是否有网上书城、电子书票、影票、戏票）

4.培育文化人才队伍、新乡贤队伍方面（非遗传承、志愿者组织等）有哪些措施？

5.开展上述乡村文化振兴公共服务项目面临哪些困难和问题？

A.缺少活动场地　B.缺乏活动资金　C.缺乏专业化指导　D.缺乏专门的组织　E.缺乏专业人才　F.其他

6.希望和建议。

村民访谈提纲　　　　_____村

1.本村有哪些文化服务设施、文体活动场馆或文化类讲堂？有什么文化组织？社工、志愿者组织参与捐助或管理吗？

2.本村有哪些传统文化、古村落、节日庆典、庙会等特色旅游资源？对乡村旅游产业开发的愿望是否迫切？有什么文化组织或公司来保护或组织经营吗？

3.子女教育方面（上学）是否方便？课外辅导资源怎样？需要哪些方面的教育服务？目前哪些组织提供过（村里和其他社会组织）？您孩子参加过吗？

4.您有什么文化方面和娱乐方面的需求？村里开展过哪些娱乐活动？谁组织的？您参加过哪些？一个月活动几次？谁资助的？以后愿意参加吗？是否调研过需求？

5.对村容村貌是否满意？还有什么期望？除了政府投入，村民自发或其他社会力量做过哪些事情？

6.移风易俗方面是否满意？（村里是否有大操大办现象？）红白理事会等组织做过什么工作？效果如何？

7.是否参加过星级文明家庭、身边好人榜等活动的评选？以后有类似活动愿意参加吗？

8.您认为在乡村文化振兴政策制定及公共文化服务提供方面，社会组织（红白理事会、老年人协会、社工组织、志愿者组织、三下乡服务队、乡村振兴服务队、非遗文化及红色基因传承队伍、庄户剧团、文艺团体）和村民参与重要吗？

9.村里的社区服务中心的服务设施（如农家书屋、爱心书屋、电子阅览室、文体活动室、培训学校、儒学讲堂、村史馆等）您去过吗？一个月去几次？半年去几次？没去的原因是什么？（例如图书更新状况、讲堂培训效果）

10. 文艺下乡含金量（百姓需求，送戏送电影质量，送文化频率、种类，是否有网上书城、电子书票、影票、戏票）您觉得如何？

11. 您认为村里开展上述乡村文化振兴公共服务项目面临哪些困难和问题？

12. 您对村里的乡风文明、文体活动、技能培训等方面有什么建议？